REINVENTING WORK SERIES

トム・ピーターズのサラリーマン大逆襲作戦❶

The Brand You 50

ブランド人になれ!

Tom Peters
トム・ピーターズ

Kazuo Nihira
仁平和夫・訳

CCCメディアハウス

トム・ピーターズのサラリーマン大逆襲作戦 1

CONTENTS

ブランド人になれ!

ブックデザイン――守先 正

THE BRAND YOU 50 :

Fifty Ways to Transform Yourself from
an "Employee" into a Brand That Shouts
Distinction, Commitment, and Passion !

by Tom Peters

This translation published by arrangement with
Alfred A. Knopf, Inc.
through The English Agency (Japan) Ltd.

トム・ピーターズのサラリーマン大逆襲作戦①

ブランド人になれ!

新しい経済の基本的単位は、会社ではなく、個人になる。仕事は、固定化した管理組織によって与えられ、コントロールされるのではなく、既存の組織外で個人事業主の集団によって遂行される。電子で結びついたフリーランサー、すなわちEランサーが、流動的な臨時のチームをつくり、製品を生産・販売したり、サービスを創造・提供したりする。仕事が終わればチームを解散して再び個人事業主にもどり、次の仕事を求めてさすらう。

——トーマス・マローン、ロバート・ローバッカー
「Eランス経済の夜明け」ハーバード・ビジネス・レビュー

はじめに

「これまでは無名でものんびり暮らせたが、これからはそうはいかない」

――マイケル・ゴールドハバー

「自分と妥協してはいけない。あなたには、すごいことができるんだから」

――ジャニス・ジョプリン

「二年ぐらい前に気がついたの。わたしはもう、どこかの誰かさんではなく、ブランドなんだって」

――マーサ・スチュアート

一九五〇年代。恵まれた連中は、大学を出て、有名企業に就職した。そして、波風を立てず、面倒なことに巻き込まれなければ、順調に出世できた。「お仕事」を聞かれたら、胸を張って会社の名前を答えた（会社の名前こそ、自分という人間の存在証明だった）。

そして、時は流れる。子供たちはどんどん大きくなり、家を離れ、結婚し、孫が生まれる。五五歳になり、六五歳になり、めでたく定年。四〇年余りの涙ぐましい忠勤が報われ、退職金がたっぷり出る。あとは年金でのんびり暮らすだけだ。

これが第二次大戦後の人生設計だった。しかし、一九七五年頃から世の中がおかしくなってくる。外国企業との競争がはじまり、アメリカの絶対優位が崩れ、コンピューターが単なる計算機ではなくなってくる。

そして、世の中はてんやわんやの大騒ぎになった。一九八五年頃のことだろうか、グローバル化に拍車がかかりはじめたのは……。そして、だれの机の上にもコンピューターが置かれるようになり、それがネットワークで結ばれるようになり、電子データ交換が普及し、そして、インターネットの時代が来た。

それまでレイオフといえば、だいたい重厚長大産業の話だったが、その波はついに時代の最先端を行く企業まで呑み込んだ（お隣のご主人、IBMに二七年勤めて、突然クビになったって……。一番上の娘さんがこれから大学に行くっていうのに、学費をどうするつもりかしら）。つまり、もう他人事《ひとごと》じゃないってことだ！

クビ切りは最初、血も涙もない鬼がやることだと思われていたが、やがて、血も涙もある

ＡＴ＆Ｔのロバート・アレンが、どんな鬼よりもたくさん従業員のクビを切るようになる。そして、マイケル・ハマー博士がリエンジニアリングを提唱し、ライトサイジングが大流行する。

ライトサイジング（規模の適正化）といえば聞こえはいいが、実態は人員整理にほかならない。しかし、いくら呪ったところで、時計の針は戻らない。ついに、ホワイトカラー革命が起こったのだ。瓶から飛び出してしまった悪霊はもとに戻せない。ＥＲＰ［開発、生産から、販売、アフターサービスまでの管理業務を一貫して処理できるコンピューター・ソフト］やらインターネットやら、悪霊の跳梁《ちょうりょう》跋扈《ばっこ》はとどまるところを知らない。

そう、これは革命なのだ。ホワイトカラーの九割以上が、今後一〇年から一五年以内に、煙のように消え失せるか、昔日の面影をとどめないほどに姿を変えるだろう。

だけど……

おもしろい時代が来ると、私は思う。考えただけで背筋がぞくぞくする。思う存分、自分の力を試せる時代が来ると、私は思う。

私は、私の親父のように、四一年間も、月曜から金曜まで、家と会社の間を往復したいとは思わない。親父はつまらない人生を送ったと思う（ごめんね、父さん）。

私は、この仕事をうまくやらなければ、次の仕事は来ないという仕事が好きだ（植木屋さんのように、ハリソン・フォードのように)。喝采をあびるか、罵声をあびるか。私はそういう世界で生きたい。

驚くべき事実――新しい時代が来たとはいうけれど、デビー・クロケットの時代と本質は何も変わっちゃいない。要するに、自分の才覚で生きるしかない。その場その場が真剣勝負だ(ゼロックスのCEO、ポール・アレアの言葉を借りれば、新しい時代とは「ルールのない乱闘」のことだ」)。

こんな話を聞くと、胸がわくわくするか、それとも足がすくんでしまうか。正気の人なら、わくわくしながら怯《おび》えているだろう。先が見えないときは、誰だって恐ろしい。しかし、何をやるかはすべて、自分で決められるようになったのだ。こんなにうれしいことはないと、私は思う。

要は気がまえである。当分の間は、会社勤めを続けるとしても、個人事業主のように考え、行動しよう。個人事業主は独立独歩、頼りになるのは自分の腕だけだ。その腕をつねに磨いていかなければ、明日にでも食いっぱぐれる。個人事業主の売り物は、自分の実績と自分のプロジェクトしかない。

だれにも頼らず自分の力で生きていける人を、私は**「ブランド人」**と呼びたい。ひとめで

違いがわかるもの、お客さんの期待を裏切らないもの、人の心を癒すもの、グッとくるもの
——それがブランド人である。
「自由な世界」と「奴隷の世界」の早見表を作ったので、ざっと目を通してほしい。

ブランド人の世界	雇われ人の世界
人びとの記憶に長く残る仕事をする（すごい仕事でなければ、すごい仕事にする。なにがなんでも……）。	やれと言われたことだけをやる。
日々、切磋琢磨し、達人を目指す。	書類とにらめっこして、時間をつぶす。
このプロジェクトを選んだのは、新しいことを勉強できるから。	これをやるように部長に言われたんです。もう、うんざり。

自分の限界に挑戦できるから。カッコいい人たちと付き合えるから。	
昼食は人脈を広げる大切な時間。	昼休みぐらい、仕事のことは忘れたい。
カッコいい仕事に変えられるなら、つまらない仕事に喜んで飛びつく。	面倒な仕事を俺に押しつけないでくれ。
プロジェクトこそ、私のすべて。そのポートフォリオが生きている証。	顔だけは出す。あとは黙って見ている。
すごい、きれい、気品、革命、衝撃という言葉が好き。	いつもサボることだけを考えている。
お客さんのために生きる。	いま、担当者はいません。

意識して、変人と付き合う（カッコいい人からカッコよさを学ぶ）。	新しい友だちはいらない。ほっといてくれ。
楽しくなければ仕事じゃない。	仕事はつまらんものさ。
毎朝、布団をはねのけて飛び起きる。	夜が明けるたびに年をとる。朝が憂鬱。
正しいと思うことは粘り強く主張する。	波風を立てるな。
すぐに変われない自分に腹が立つ。	人生なんて、そんなものさ。
チャンスさえあれば、大冒険をやりたい。	既得権にしがみついて生きる。
明るい色が好き！	灰色が一番。目立たないのが、世渡りのコツ。

一に行動、二に行動……。	メモさえ取っておけばいい。
すったもんだがあるから人生は楽しい。	ごたごたはもうたくさん。
力は自分で奪い取るものだと思う。	社内政治には係わりたくない。
事前に許可を求めるより、あとで叱られるほうがいい。	余計なことはしない。

読者ガイド

自分をブランドにするのは一大事業であり、みなさん一人ひとりが個人で取り組む事業である。その成否によって、みなさんの将来が大きく左右されるはずだ。

本書では、考え方のポイントと並んで、具体的に何をどうすればいいのかについても、数多くのヒントを示した。

本書を読んで、いささかたじろく方もいるかもしれない。五〇項目に分類してあるが、「やってみよう」は合わせて二〇〇以上もある。どれも時間を食われるものばかりだから、「やってみよう」のすべてを実行する読者がいるとは私も考えていない。アンダーラインを引きながら、どんどん読み進み、読みおわったあとで、優先事項を整理してみるようお薦めしたい。たとえば、もう一度読み返し、自分にとって緊急の課題となるものを一〇項目選び(重要なものと並んで、カッコいいものを選び)、各項目から「やってみよう」を一つか二つ選び出し、とにかく始めてみてはどうだろうか。

みなさんがブランドを目指して行動を起こすとき(ぜひそうしてほしいと願っている

が）、注意してもらいたいことがひとつある。ブランドになることが、自分の人生にとってどんな意味があるのか——そのことをいつも忘れないでいただきたい。

自分をブランドにするというのは、この上なく個人的なことである。あなたという人間が、そのままブランドになるのだから。本書を読んでいくと、「同僚や仲間といっしょに考えてみよう」という言葉に何度も出くわして、意外に思う読者もいるかもしれない。自己ブランド化とは、個人の問題であると同時に、チームスポーツでもあるのだ。ここで言うチームとは、職場のチームとは限らない。同じ志をもつ者、すなわちブランド志望者のネットワークのことである。ブランドになるためには、じっくり考えなければならないことがいろいろある。そして、私たちが実際、研修プログラムに取り入れてわかったことだが、一人で考え込むより、同志が集まって話し合い助け合ったほうが、個人の力は大きく伸びる。多くの人（ほとんどの人）にとって、この旅立ちはかなり怖い。遠くに希望の灯が見えていても、最初は怖い。仲間といっしょに出発すれば、その恐怖感がやわらぐ。

もちろん、本書をどう読もうが、どう使おうが、みなさんの自由である。ブランド人を目指すみなさんが、この本を読んで、何かきっかけをつかんでくだされば、それにまさる喜びはない。

I　自分の人生が帰ってきた

ブランド人とは、どういう人間か。それは次のように考える人間のことだ。
自分の仕事、自分の人生に、責任があるのは「あいつら」ではない。
自分の人生は自分で生きるしかない。誰かに代わりに生きてもらうわけにはいかない。

「若い諸君、なにかしら生きた証《あかし》を残したまえ」
――アンドリュー・カーネギー

「職人は材料を細工して物を作る。賢人はおのれを材料におのれを作る」
――仏陀

「自分を表現するだけでなく、自分を創造しよう。既製モデルに縛られてはいけない」

（一九九六年、ハミルトン大学卒業式での祝辞）――ヘンリー・ルイス・ゲイツ・ジュニア

「力は誰も与えてくれない。自分で奪い取るものだ」

――ロザンヌ

終わった。やっと終わった。私は心からバンザーイと叫びたい。

何が終わったかって？

いっぱしの大人が自分の人生をすべて「会社」にゆだね、「会社」の言われるままに生きる時代は終わったのだ。

私の親父はボルチモア・ガス＆エレクトリックに生涯を捧げた。四一年間、来る日も来る日も、ウエスト・レキシントンにある会社に通い続け、忠勤にはげんだ。まさに年季奉公人としか言いようがない生活だった。

はたしてそれで「生きた」といえるのか。

しかし、そういう時代は終わった。完全に……。終わってほしくないといくら願っても（そう願っている人は星の数ほどいるだろうが）、終わってしまったものはしかたがない。新しい時代が来た。誰もが自分の力で生きるしかない新世界（経済）秩序が生まれた。生活は

不安定になる。しかし、「会社」に預けていた人生が自分の手に戻ってきたのである。どう生きるかを、自分で決められるようになったのだ。

ぬるま湯につかってうとうとしていた人にとっては、つらい目覚めかもしれない。目が覚めてみると、あたりは波濤《はとう》うずまく大海原だ。泳がなければ、波に呑まれて沈む。

私はみなさんに、誰もが荒海に投げ出されることをわかってもらうために、そして、荒海を泳いでいく術《すべ》を身につけてもらうために、この本を書いた。

ただ生き延びるだけでなく、〝生きた〟という、しびれるほどの充足感を味わってもらうために……。

先のことを考えると、ぞっとする？

いや、ぞっとするどころじゃない。ぞくぞくする。

自分の力を思う存分試し、悔いなき人生を送る、千載一遇のチャンスがめぐってきたのだから。すこしばかりの努力（あるいは気が遠くなるような努力）を求められるが、頑張れば必ずご褒美《ほうび》が待っているはずだ。成長、誇り、自立（そしてたぶん、人もうらやむ高収入）というご褒美が。

だけど、自分にできるだろうかって？

できるとも！
あなたなら必ずできる。そうでなけりゃ、私はこんな本を書かない。

1. ＡＡ（アルコール中毒者自主治療協会）はすばらしい仕事をしてきた。数えきれないほどの人たちの命を救い、魂を救ってきた。あなたも自分の手でミニＡＡを作ってみよう。「年季奉公人を救う会」でもいいし、「会社奴隷を救う会」でもいい。

　同じ問題を抱えている者が集まり、助け合う意義は大きい。一人でうじうじ悩むことがなくなるし、仲間同士の連帯感ができ、不安や希望や計画について、率直に語り合える（誰もが不安をもっているし、人は希望がなければ生きられないし、計画はないよりあったほうがいい）。

　仲間といっしょに（仕事仲間に限る必要はない）、この新世界秩序について、とことん考えてみよう。そして、自分のことを話し、自分のことを考えよう（これは自分のためだけではない。自分のことがよくわかれば、次に同じような問題に直面した仲間を助けることができる)。独立不羈《ふき》の精神で、ものごとを考えよう。いい意味で貪欲になろう。

2. オーギー・マーチの世界を考えてみよう［オーギー・マーチは、ソール・ベロー『オーギー・マーチの冒険』の主人公］。「私は自分の力で自由に生きてきた。これからも自分の力をたよりに、生きた記録を残していく」。このマーチの言葉が、あなたにとってどんな意味をもつか考えてみよう。会社の中にいても、心意気だけは独立するために、最初の一歩をどう踏み出せばいいだろうか。オーギー・マーチにならって、「自分独立宣言」を起草してみよう。

3. 悪いことばかり考えるのはやめよう(それにまさる時間の無駄遣いはない)。いろいろな束縛から解放されて自由になったら、どんなにいいことがあるか、この先どんないいことが起こりそうかを書き出してみよう。

4. あなたが管理職なら、あなたの下で働くプロフェッショナルのためにできる最善のことは、「独立精神」について語り合うことだ。ちなみに、こんな私にも部下がいるが、自分の人生《こと》は自分で決めるという気概がない人とは、いっしょに働きたくない。私が欲しいのは、志がある者、「二一世紀のミッション」に敢然と志願する者だけだ。

1a 大きくなったら何になりたい？
（あなたはもう大きくなった）

自分はいったい何になりたいのか？

そんなことを自問した最後の日はいつだったか……。

こんなジョークをみなさんも聞いたことがあるはずだ。

「大きくなったら何になりたい？」

親というのは、どうしていつも同じことばかり聞くのだろう。

それは、「自分が何になりたいのか」親自身がよくわかっていないからさ……。

子供に聞かないで、自分の胸に聞け！

「おまえはいったい何になりたいんだ？」

私は成功したと、世間では思われている。世間様が考える「成功」というのがどういうものか知らないが、まさかここまで来れるとは、自分でも思っていなかった。

それでも、次の問いは私の胸に深く突き刺さる。

「おまえはいったい何になりたいんだ？」

自分をブランドにするというのは、実用的な発想であり、金儲けのアイデアであり、ホワイトカラーの受難期を生き抜く知恵でもある。と同時に、それは、なにものにもとらわれず、しずかに自分を見つめなおす絶好の機会なのだ。

「私は何になりたいのか」

「私はどういうことで有名になりたいのか」

「私がしているのは大切な仕事か」

「生まれてきた甲斐がある仕事をやろうとしているか」

ことあるごとに、自分にそう問いかけてみよう。

「充実した人生を送る秘訣は、仕事をもつこと、心血を注げるなにかをもつことだ。そして、いちばん大切なのは、そのなにかとは、自分にはできそうもないことでなければならない」

——ヘンリー・ムーア（彫刻家）

「私にとって仕事は、やらなければならないものだが、やりたくてたまらないものでもある。なにもかも忘れて没頭できるからこそ、仕事はすばらしい」

——ドナルド・ホール（詩人・エッセイスト）

「私は本気で会社をやめようと思っていた。そのとき、上司からあるプロジェクトを任された。私がたった一人で立ち上げるプロジェクトだ。大王だろうが皇帝だろうが、好きな肩書を自分につけることができた。やがて、私は一人の技術者を雇った。そこからスタートして（のちに数十億ドルを稼ぎ出す）プラスチック事業部を育て上げた」

——ジャック・ウェルチ（GE会長）

「あの庭はジェーンの作品だ。情熱と信念をもって、すべてを捧げ尽くしたから。庭造りは、どこまでやっても終わりのない、妥協できない追求だったから」（詩人で亡き妻

のジェーン・ケニヨンについて)

――ドナルド・ホール

「こだわることは、大切だと思う」

――A・E・ハウスマン(イギリスの古典学者)

1. 気の合った仲間を何人か昼食に誘ってみよう。夕食ならなおいい。そして、自分はいったい何になりたいのか、話し合ってみよう。その狙いはこうだ。自分たちのやるべき仕事を勝手に決めてくれる偉そうなコンサルタントの悪口をいくら言ってみたところで始まらない。自分たちのやるべき仕事は、自分たちで考えればわかるはずだ。

2. カッコいい仕事とはどういう仕事か考えてみよう。一人で考えてもいいが、何人かの仲間と話し合ったほうが効果は大きい。自分とはどういう人間か、自分はどういう仕事をやりたいのか、箇条書きにしてみよう。少なくとも二五項目は書き出してほしい。書き出したら、そのうち五項目を、いま取り組んでいる仕事でなんとか実現できないか(来週早々にもできないか）考えてみよう。

3. 恥知らずのスローガンをいろいろ考えてみよう。考えついたら、紙に大きく書いて、会社の廊下に貼り出そう。「私たちは世界を変える」「□□のことなら私におまかせ」「俺たちがいなけりゃ、この世は闇だ」「邪魔しないでください。ぼくの仕事は歴史が評価する」などなど……。

4. あこがれのプロ野球選手、美容師、建築家、シェフ、映画スターのことを考えてみよう。自分にもそういう仕事ができないだろうか。できること、できないことを具体的に考えてみよう。うじうじ悩んでいる同僚と「うじうじ人間を救う会」を結成しよう。

なんでもいいから、何か始めよう。始めたら、それを続けよう。

2 ついに来た、ホワイトカラー革命！

ブルーカラーの生産性については、百年も前からさんざん論じられてきた。その矛先が、いやバズーカの砲口が、ついにホワイトカラーに向けられた。さて、このリストラの嵐が通り過ぎたとき、あなたははたして生き残っていられるだろうか。

いま何が起こっているか、それがわかっているなら、なんとかしなければ……。さもないと、あなたも吹き飛ばされる。


「注目されなければゼニにならない経済は、スターのシステムと同じだ。抜きんでたものがなければ、いくら頑張っても注目されない。注目されなければ、高い給料はもらえない」

——マイケル・ゴールドハバー

最初、『道は二つに一つ』というのを、この本のタイトルにしようと考えたほどだ。つまり、ブランドになるか、お払い箱になるか、道は二つに一つしかない！

おそろしいことを言って、読者を震え上がらせるつもりか……。極論を吐いて、世間を騒がせるつもりか……。そういう趣味が私にないわけではないが、本書を書いた真の狙いはそこにはない。

おそらく、本を読むのが遅い人は別にして、この本を読んでいる間に、あなたの仕事が消えてなくなることはないだろう。しかし、今後一〇年のうちに、あなたの仕事はなくなるか、なくならなくても、すっかり様変わりしてしまうだろう。

過激なことを言うヤツだと、私は世間で思われているらしい。しかし、そいつは買いかぶりというものだ。私が書いた『エクセレント・カンパニー』は当時、「革命的な本」だと言われた。ほんの一七年前のことだ。なのに、その本の中に「グローバル化」という言葉も「情報テクノロジー」という言葉も一切出てこない。

その私が過激だって？　穴があったら入りたい。

この二〇年、私が犯した大きな過《あやま》ちのほとんどは、穏健に考えたゆえの過ちだった。変化のスピードと大きさを、私は見くびっていた。

はっきり言おう。ホワイトカラーの仕事の九五パーセントが今後一〇年間に、痕跡をとどめないほど姿を変える。誤差はあっても、一、二年だ。

だから、この荒海を元気に泳いでいきたいと思う者は、新しく生まれ変わろうとする（私はその一人だ）。

自分で自分を時代後れにしなければ、誰かにそうされるだけだ。

1. 来たるべき終末をほんとうに信じているか？

ホワイトカラー革命について、真剣に考えてみよう。研究してみよう。それについて書かれた本を読みあさろう（できるだけ早く、読書会を開こう）。先見の明ある人の話を聞いてみよう。始めるのは、早ければ早いほどいい。昔から言うではないか。先んずれば人を制す。それに、時代の一歩先を行くというのは、カッコいいじゃないか。

2. 知人のなかで、独立して成功している人を何人か招いて、昼食会か夕食会を開こう。小さな勉強会を設けて、講師に来てもらってもいい。ニューエコノミーの時代に、仕事の性質がどう変わるか、考えてみよう。まずは学ぼうという姿勢が大切だ。家に帰って宿題をやろう。先生について学ぼう。

3. 夢をもとう。「きっとうまくいくさ」というのは、無責任なアドバイスの最たるものだが、気持ちが暗くなってはいけない。ホワイトカラーの未来像をできるだけ明るく思い描くようにしよう。

むかし習い覚えたことだけではやっていけない時代が来た。

私は気が狂ったように次々と新しいものに飛びつき、新しいものを試し、新しいものに手を出している。

五六歳にもなった私が、どうして？

そうしなければ、生きていけないからだ。

私は、テントをかついで凍りつく夜空の下に出て行きたいとは思っていない。さいわい私には、野外生活をするかしないかを選択できるくらいの蓄えがある。そうした蓄えがたっぷりないのなら、自分を改造すること、自分の名前をブランドにすることは、生活していく上で欠かせないことなのだ。ホームレスになって老後を迎えたいと思うなら、話は別だが……。

3 自分の名前をブランドにする

ブランド人の時代にようこそ（あなたが、わかってる人なら……）。

いたるところでホワイトカラー革命の火の手があがっている。この革命を無傷で生き延びられる人が、はたして何人いるだろうか。職の保障は灰塵《かいじん》に帰した。

世の中はこれからどうなるのか。

私の答え――また、職の保障が戻ってくる。と言っても、みなさんが考えているようなものではない。新しい職の保障だ。いや、新しいと言っても、しばらく忘れていただけで、実はふるーいものなんだ。

大企業なんてものが生まれるまえ、いやそのはるか昔、社会保障も失業保険もなかった頃、図らずも、ホワイトカラー労働者から元気と気骨と勇気を奪った「セーフティーネット」なるものがまだ存在しない頃、職を保障するものは、《抜きんでた技量》と《ネットワーキングの力》だった。

世間（市場）で通用する技量、ひとを感動させ、ひとから感謝される技量をもたなければ生きていけなかった。世間の評判と仲間の支援（これが当時のネットワーク）がなければ生きていけなかった。

その頃にまた戻ると思えばいい。

村の鍛冶屋のように古いといえば古いし、ハリウッドのように、あるいは世界のどこかのアパートの一室で、インターネットを使って仕事をしている人のように、新しいといえば新しい。

仕事には丹精を込め、自分が仕上げた仕事にはきちんと責任を取らなければならない（あなたの仕事を、社会は必要としているのだから）。この点については、昔も今も変わらない。ただ、評判が伝わる速度が、昔と今ではくらべものにならないだけだ。

昔の職人は、仲間づきあいと世間の評判を大切にし、修練研鑽を怠らず、誇り高く、自分の腕一本を頼りに生きていた。これを現代の言葉になおすと、要するに、自分の名前をブランドにしていたのだ。

私はブランド信者である。ブランドが、マーケティングのペテンだとは思わない。消費者はそれほど馬鹿ではない。玉石を見分ける目をもっている。いいものは売れる。ブランドとして認知されたものは売れる。ジップロックやｉＭａｃやスターバックスをみればわかるだろう。

ブランドは「信頼のマーク」である。名前やロゴを見ただけで、消費者は安心する。ブランドかどうかで、あらゆる商品とサービスがふるいにかけられる。

ナイキやスターバックスのブランド確立に一役買ったスコット・ベッドベリーは、ブランドについてこう語っている。

「偉大なるブランドは感情に訴える。すべてとは言わないまでも、私たちが下す決断の多くは、感情に左右される。ブランドは、人の心を強く揺さぶる。製品の機能より大切なもの、それは心の接点なのだ……。

偉大なるブランドは、結末のわからないストーリー、はてしなく展開していく隠喩的なストーリー……。そのストーリーが、深い感動の中に身をおくために人々が必要とする感情の流れを創りだす」

人間がブランドになるなんて、そんなひどい話はない。非人間的だ。人間の尊厳はどうなる。そう言って怒る人もいるかもしれない。みなさんはどうか知らないが、私はすこしもそうは思わない。ブランドになった人間をイメージしようとして、私の頭にまっさきに浮かぶのは、ベンジャミン・フランクリンやスティーブ・ジョブズといった人たちだ。私は会社人間（ましてや会社奴隷）よりも、そういう血筋の人たちのほうが好きなのだ。

私の友人に、アニエット・ルミューというアーティストがいる。私の家の壁には、彼女のすばらしい作品『I　AM』の横に、雑誌から切り取ったモノクロのフルページ広告が飾ってある。その広告いわく——「あなたは、あなたの人生のCEO」。

1. 近所の有名人と友だちになろう。職業は何でもいい。名前を聞くだけで、その人の腕前や作品や人柄が目の前に浮かんでくるような人と友だちになろう（そういうスターの名前を聞いたことがなければ、見つかるまで探そう）。仲間にも声をかけ、そのスターといっしょに食事でもしながら、どうやって「衆に抜きんでる」ことができたか、話を聞いてみ

よう。その人のトレードマークは何か？　かならず礼状を書くことか、それともスカーフの色か、それとも超高速対応のサービスか……。ブランド人とは何かを考えるうえで、かならずやヒントになる話が聞けるはずだ。

2. 言葉遊びをはじめよう。どういうことが自分らしくて、どういうことが自分らしくないか。メモ帳でもいいし、パソコン画面でもいい。思い浮かぶ言葉をどんどん書いてみよう（その製品が何であるかを示すと同時に、何でないかを示すものがブランドだと、専門家も認めている）。

3. これからは毎日、自分にこう問いかけてみよう。
自分がいまやっていることは、自分のブランド化になにか役立つだろうか？
答えがノーなら、時間の使い方を考え直したほうがいい。

4. ブランドは一日にして成らず。あせらず、着実に進もう。アイデアと戯《たわむ》れよう。自分の切り札は何か、自分の弱点は何かを考えてみよう。何を自分のトレードマークにするか、それが決まったら、とりあえず試してみよう。試してみて、自分に合わないようなら、また出直そう。あせることはない。何度でもやり直しはきく。大事なのは、目的意識をもってやることだ。

3a あなたまるごとハウマッチ？

会社の株式時価総額のように、個人も、市場の評価額がわかったら……。

名は金なり

「名前《ネームバリュー》の力だけで、人はどれだけお金を集められるものだろうか。元公衆衛生局長のエベレット・クープ氏が主宰するドクタークープ・ドット・コム（インターネット上で医療サービスを提供する会社）は六月八日、株式を公開し、四四三〇万ドルを調達した。同姓同名の方がいたら、お試しになってみたらどうだろう」

――ビジネスウィーク

人身売買？

「インターネット競売大手のｅベイは、一九九九年四月二七日から人間のオークションに乗り出す。最初の出物は、インターネットのプロ集団。競り落とした人は、インターネットでやりたいことをすべて、この集団にやってもらえる。代表一人、管理職三人、ベテラン技術者七人、事務スタッフ五人、まとめて一六人を、さあ、あなたならいくらで買う？　ちなみに、入札開始価格は三一四万ドル」

――ワイヤード・ニューズ・レポート

個人が債券を発行

デビッド・ボウイは一九九七年、ボウイ債をひろく募集した。私の力を見込んでくれる人は、ぜひ、この私に投資してくれ、というわけだ。これはＰＲのための悪ふざけではなかった。プルデンシャルが、発行された五五〇〇万ドルを全額買い取った。

これに続き、ジェームズ・ブラウンが一九九九年六月、ブラウン債を約三〇〇〇万ドル発行した。

どれもこれもぎょっとするような話だけれど、よく考えてみると……。

1. 個人の時価総額？　これが絵空事ではないとしたら……。

私は、まったくの絵空事だとは思わない。

あなたがしがないサラリーマンなら、たしかに、これは悪い冗談かもしれない。

だけど……考え直してみよう。考え直したら、もう一度考え直してみよう（私はいま、この問題を真剣に考えている）。

4　四つのツール（練習教材）

一、ブランド価値・チェックリスト

1. 自分はいま、いくつのことで名前を知られているか。今後一年間に、その分野をいくつ増やそうと思うか。
2. 現在進めているプロジェクトで、自分の力をほんとうに試されるものがいくつあるか。
3. この三か月の間に、新しく学んだことがいくつあるか。
4. この三か月の間に、名刺ホルダーの中に重要な人の名刺が何枚増えたか。
5. 現在、自分が断然目立っていることはいくつあるか。
6. この三か月の間に、履歴書に箔《はく》を付けるために何をやったか。
7. 現在の履歴書は、一年前の履歴書とどこがどう違うか。

これはサンプルにすぎない。自分に合ったものを作ってみよう。

二、電話帳広告

自分が自営業で、職業別電話帳に広告を出すとしたら、どんなものを出せばいいか。どんな見出しにすれば、お客さんの目にとまるか。自分はどんなサービス（ほかの誰もやっていないサービス）を提供できるのか。電話帳をめくるお客さんを思い浮かべながら、八つ切りか四つ切りのスペース内で、自分のセールスポイントを手際よく、センスよく、まとめてみよう（知的資本開発計画の一環として、これを社員にやらせている会社もある）。

三、PPS（パーソナル・ポジショニング・ステートメント）

自分のポジショニング（自分という商品の位置づけ）を考えてみよう。ジェイ・レビンソンとセス・ゴディンの共著『自分が手にして当然のものをつかめ』の言葉を借りれば、「これを八語以内で表現できないとしたら、あなたには居場所《ポジション》がない」。これを書くときは、お気軽にやってはいけない。

四、バンパーステッカー

一九九八年一一月の中間選挙のとき、ある候補者にこんなことを言った新聞記者がいた。「どうもあなたのことがよくわからない。バンパーステッカーを作ってくれませんか」。いい考えだ！　あなたもバンパーステッカーを作ってみたらどうか（これもまた、お気軽にやってはいけない）。

私はちょっと話を急ぎすぎたかもしれない。いま読んでピンとこなければ、この本を最後まで読んでから、もう一度ここに戻ってきてもらってもかまわない。ただ、ブランド人になるためには、絶対に忘れてはいけない心得がひとつある。それだけは、ここでしっかりと頭に叩き込んでおいてほしい。

世の中は大忙しで、そのうえ大混雑している。だから、的《まと》をしぼらないといけない。

自分はいったい何者なのか？
自分は何の第一人者なのか？
どうすれば目立てるだろう？

世の中には、なにごとにつけ、カウンセラーがいる。仕事についても、人生についても。

私は自分の人生について、ひとにどうこう指図されたくはない。

私の人生を生きるのは、この私なのだ！

もちろん、プロの助言はありがたい（私だって精神科医に助言を求める）。

しかし、自分の人生をひとまかせにはできない（会社はもう、あなたの面倒をみてはくれない）。

私がこの本で言いたいことは、次の三点に尽きる。

(1)自分の人生を「あいつら」から取り戻せ！

(2)ディルバートのマンガは、洟《はな》をかんで捨てろ！　泣き言ばかり並べる人間の心のよりどころ、それがシニシズムだ。

(3)矜持《きようじ》なくして、なんの人生か！

1. ひとりでさっそくはじめよう。最初はうまくいかなくても気にすることはない。四つの

ツール（練習教材）のうち、一つか二つを選んで、まずは下書きしてみよう（遊ぼう、ステキな言葉と……。言葉遊びは最高の訓練になる）。自分にしかないものを、ひとに話す練習をしよう。とにかくはじめよう。はじめるしかないんだから！

2. 右のことを、仲間といっしょにやってみよう。「ブランド人クラブ」をつくってみたらどうか。

3. あなたが専門サービスを提供する会社（あるいは部門）の管理職なら、

⑴ここで紹介した四つのツールのどれかを選んで、それをテーマに、部下と話し合ってみよう（自分たちは、集団として、何の第一人者なのか。自分たちは、集団として、どうすれば目立つことができるか）。

⑵ここで紹介した四つのツールを、業績評価に取り入れてみよう（さらに、社員を募集するとき、それを課題に出すことも考えてみよう）。

4. 私は別にかんしゃくを起こすつもりはないが（私はおそろしく気が短いのだ）、右の三項目のどれも気に入らないというのなら…………勝手にしろ！

え、もっといい考えがある？　さすが！　さっそく、それを試してみよう。

4a 自画像《アイコン》

人間はものを見て、考える。万言を費やしても伝えられないものを、たったひとつのマークが伝える。一流ブランドは、見てすぐにわかる。ナイキやアップルやシェルがそうだ。パワフルでシンプルなイメージが消費者をひきつける。

さて、お客さんは何を見て、あなたがブランドだとわかるのか？

いや、私はすこし話を急ぎすぎたようだ。自画像《アイコン》を考えるまえに、それでいったい何を伝えたいのか、そっちのほうを先に考える必要がある。

私はこの問題について、同僚と喧々諤々《けんけんがくがく》の議論をした。結論が出るまでに、何か月もかかった。

私たちは二一世紀にふさわしいプロ、である。それも単なるプロではなくスター、である。そのことをはっきりと伝えるアイコンをつくろうと決めた。

話し合いの結果、人の形をデザインすることにしたが、その際の基本理念は次のようなものだった。

- その人は、仕事に身も心も奪われている。
- 取り組んでいるのは、鳥肌が立つようなプロジェクト。
- それは、大事な大事な仕事。
- それは、しびれるほどカッコいい仕事。
- それは、ため息が出るほどキレイ。
- その人は、怖いもの知らず。すごい迫力で仕事をやるから、お偉いさんはびびってしまう（びびらなくても、気押される）。
- その人は、冒険家である。見ようによっては、海賊にも見える。
- その人は、自分の人生のＣＥＯである（たとえ、会社に勤めていても）。
- その人は、ちょっとオカシナところがある。
- その人は、刺激が大好き。好奇心は無尽蔵。
- その人は、よく笑う。

❂ その人にとって、大失敗は、息をするのと同じくらい当たり前のこと。
❂ その人は、自分の腕に絶対の自信をもっていて、日々、腕を磨くことを怠らない。
❂ その人は、超過激な連中と付き合っている。
❂ その人は、出世につながる仕事より、新しいことを学べる仕事を選ぶ（寝ても覚めても、リニューアルが頭から離れない）。
❂ その人は、神でもなければ超人でもない。
❂ その人は、誰にもできないことをやってやろうと燃えている！

こうした性格づけに立って出来上がった下絵が、次のアイコンである（私たちのパートナー、エド・コーレンの好意により、ここに掲載）。

私たちは（なんとしても）アンチ・ディルバートのキャラクターをつくりたかった。私は、ディルバートが好きだ。いいヤツだし、おもしろいヤツだ。だけど、シニシズムは嫌いだ（警句の場合は除いて）。私は、自分の人生を、書類のたらい回しに費やすつもりはない。あなたは？

私たちのアイコンの基本理念を読みながら、自分にはとてもそんなマネはできないと思った方もいるかもしれない。

しかし、身のほど知らずのことをやっていいのである。私なら、高望みして、高ころびしても、恥ずかしいとは思わない。

人間はみんな、本来すごい力をもっている。「何ができないか」を学校で教えてもらい、会社に入ってからは「きみには無理だ」と上司に言われ続けてきたために、その力が檻《おり》に閉じ込められているだけなのだ。

自分の心の奥に耳をすませてみよう。「自由にしてくれ」という、せつない叫びが聞こえてこないか？

5 あなたの仕事は、くだらない仕事か

仕事という言葉の使い方には注意したい。

「それは私の仕事じゃありません」

「この仕事を火曜日までにやっつけなくちゃ」

あなたはそんなに仕事をするのがイヤなのか。

自分の名前をブランドにするというのは、やれと言われた仕事を嫌々やることではない。顔が見えるお客さんのために、まちがいなく付加価値がある商品を創造することだ。商品やプロジェクトを自慢のタネにすることだ。お客さんを、共謀者にし、熱狂的なファンにし、宣伝マンにし、生涯の友にすることだ。

私は「仕事師」である（一九六六年以来ずっと）。私は良い父親か悪い父親か、自分では

きる。よくわからない（そんなこと、誰がわかるか！）。だが、仕事師として、これだけは断言できる。

私のプロジェクト、それが私である。

私は海軍にいたときから、「職務規程」なるものが反吐《へど》が出るほど嫌いだった。私は、自分が何をすべきかは自分で決める。三三年前（海軍設営部隊の将校としてベトナムにいた二三歳のとき）も、いまも、私が自分に言い聞かせていることに変わりはない。

毎日、かならずひとつ
すごいことをやれ
それができない日は
すごいことができるよう死力を尽くせ

私はそれほど信仰のあつい人間ではないが、社会が必要とする人間でありたい、世の中の役に立ちたいと、いつも願っている。私が生きている証、それはプロジェクトしかない。

プロジェクトとは何か？

始めがあって終わりがあり、お客さんがあって、ブランドの刻印があるものだ。

社会にとって大切なもの、世の中をすこしでもよくするものだ。

え、青臭いって？　なんと言われようが結構。シニシズムは負け犬のためにある。はすに構えて論評することなど、どんな能無しにでもできる。そんなことは死ぬほど退屈だ。青臭くていいじゃないか。青臭くない志がどこにある。

世の中をはすに眺めていて、成功した人など見たことがない。たしかに世の中にはくだらないものもある。だが、自分の仕事、自分のプロジェクトをくだらないと思っていて、成功した人などいるはずがない。

マイケル・ジョーダンはバスケットボールなんてくだらないと思っているか。マグワイアは野球なんてくだらないと思っているか。スピルバーグは映画なんてくだらないと思っているか。

思っているはずがない！

私は、私の世界を支配している。もちろん、ぶちのめされることはいくらでもあるさ。だが、成功するにせよ、失敗するにせよ、それは私の世界だ。失敗の責任はすべて、私にある。部長のせいでも、課長のせいでもない。

人生は気まぐれだ。横暴だ。理不尽だ。

それでも、私の人生は、私が生きる。おまえはどんな生き方をしているのかと問われれば、「私のプロジェクトを見てくれ」と言うほかはない。
あなたは?

1. 「私のプロジェクトを見てくれ。それが私の生きざまだ」と言えるかどうか。考えてみよう(じっくりと)。
2. いま取り組んでいるプロジェクトは、いったい何の役に立つのか。誰を幸せにできるのか。それで、世の中がどう変わるのか。考えてみよう。
3. 以上の二点について、同僚と話し合ってみよう(真剣に)。

5a

あなたも達人になってみないか

ジャーナリストのジョージ・レナードは、すばらしいタイトルのすばらしい本を書いている。タイトルは、ずばり『達人』(邦題は『達人のサイエンス』)。人間はどこまで精神と肉体を鍛えられるのか。「終わりなき鍛錬の中に、人生の意味はある」とレナードは説く。武道の達人がいるなら、セーリングの達人や料理の達人もいるにちがいない。ひょっとしたら、タレント・スカウトの達人も……。

超一流の外科医、チェロ奏者、ソプラノ歌手、作家、NBAのリバウンド王、家具職人をみていると、その名人芸にほとほと感心する。

達人は会社の外にしかいないのか。情報システムの達人、社員研修の達人、購買の達人というのがいてもいいじゃないか。

1. 自分の名前をブランドにして、何かの達人になる——それしか、生き残る道はない。ならば、どうすれば達人の域に達することができるのか。外科医でもいい、建築家でもいい、芸術家でもいい、家具職人でもいい。超一流の人に話を聞いてみよう。

2. 達人とは何か、プロジェクト生活とはどういうものか。その特性を一五個、書き出してみよう。苦労して達人になるだけの甲斐があるのか。達人の人生は払う犠牲に値するものか。考えてみよう（外科医に聞いてみよう）。自分のいまの職業は、本当に自分の天職なのか。答えがノーなら、どうすればいいのか。転職したほうがいいのか。それとも、ほかにもっといい選択肢はないか。いまの会社に踏みとどまって、いまやっているプロジェクトを「命をかけて悔いないもの」に変えられないだろうか。具体的に考えてみよう。そして、いま取り組んでいるプロジェクトを「達人を目指す第一歩」にするにはどうすればいいか、チームメートと話し合ってみよう。

3. 自分はいったい何者なのか。何者になりたいのか。あわてて答えを出す必要はない。じっくり考えてみよう。自分を手荒く扱ってはいけない。これは「取扱注意」の問題なのだから。

6 さて、どうパッケージしようか

自分のことを一個のパッケージだと思っている人は少ないだろうが、実は、人は誰しもパッケージなのだ（ウソだと思うなら、うわさ話に耳をすませてごらん。彼は火の玉……彼女はダイナマイト……あいつほど退屈なヤツは見たことがねえ……）。

自分をブランドに仕立てあげるコツは、自分をどうパッケージすれば、メッセージを的確に伝えられるかを考えることだ。

さっそく、近所のスーパーに行ってみよう。どんなパッケージが、ぱっと輝いてみえるだろう。元気いっぱいのもの、きらめいているもの、みずみずしいもの、おトクなもの、ぎょっとするもの、信頼感があるもの、きれいなもの、デザインがおもしろいものに思わず目が行くはずだ。自分をブランドにしようと思うとき、大いに参考になるとは思わないか。

「パッケージングは誘惑だ。パッケージされていれば、決断が簡単になり、速くなる。一見するとパッケージには見えないが、実はパッケージになっているものは多い（マクドナルドがそうだ）」

――トーマス・ハインズ『トータル・パッケージ』

読者の怒りの声が聞こえてきそうだ。

「ハデハデにしろって？　悪かったな、俺はジミな性格なんだ。それともなにか？　病院に行って、性格の移植手術でも受けろってのか」

いや違う。私が言いたいのはそういうことではない。

当たり前すぎる話で恐縮だが、あなたには、あなたにしかないものがある（ウソだと思うなら、友だちに聞いてみるといい）。問題は、私たちの多くが、その大切な個性を、朝の九時から夕方の五時まで抑えつけていることだ。変わり者だと思われるのが怖くて、燃えたぎるもの、爆発しそうなものを懸命に抑え、上司に対する恨みつらみをつのらせている。そして、何をするかといえば、わざと仕事をゆっくりやる、いい加減にやるという子供じみた抵抗を試みている。そんなことをして、いちばん傷つくのは誰か（ヒント※上司ではない）。

サウスウエスト航空が成功した秘訣は何か。言うまでもなく、航空ビジネスでいちばん大切なものは安全性で、サウスウエストの安全運行実績は業界ナンバーワンだ。しかし、サウスウエストの売り物はそれだけじゃない。はちきれんばかりの個性がある。なぜ？　従業員にそれを求めているからだ。大切な個性を、駐車場の車の中に置いてこないで、職場まで持ってきて、思う存分発揮してほしい……。あなたにしかない「あなたらしさ」で、同僚や乗客の人生を一段と楽しいものにしてほしい……。会社が従業員にそうお願いしているからだ。

私がなぜ、パッケージと言うかといえば、パッケージングとは個性の表現にほかならないからだ。フォードも、フィデリティも、ハーバード大学も、ブラウンも、マクドナルドも、みんなそうしている。だから、あなたも……。

かりに、会社を今日クビになって、明日から、職探しか独立の準備を始めなければならなくなったとしよう。さて、あなたは自分をどう売り込むのか。

自分にはどういう能力があるのか。自分はどういう性格なのか。自分の得意技は何か。その他大勢と自分がはっきり違うものは何か。自分が経営者で、自分を雇うとすれば、年に七万ドルも払う気がするだろうか。あるいは自分がお客さんで、自分にサービスを頼むとすれば、一日八〇〇ドル払っても安いと思うかどうか。問題は、パッケージだ。

1. トーマス・ハインズの『トータル・パッケージ』（残念ながら日本語訳は出ていない）と、デール・カーネギーの『人を動かす』（創元社から訳書が出ている）を読んでみよう。パッケージ・デザイナーの話を聞いてみよう。グラフィック・デザイナーでも、弁護士でも、会計士でもいい。独立して成功している人を訪ねてみよう。成功した人は、自分をどうパッケージしたか、パッケージングをどう考えているか、具体的に聞いてみよう。

2. 言葉でもいい、絵でもいい。好きな歌の文句を口ずさむのもいい。自画像を描いてみよう。自分はいったいどういう人間なのか。自分にしかないものとは何か。あなたは、重要なプロジェクトを遂行するチームの一員に選ばれたのだから、きっと何か、すばらしいものを持っているはずだ。それが何かを考えてみよう。同僚の意見も聞いてみよう。

3. 近くのスーパーに行って、店内を一時間ぶらついてみよう。それから外に出て、商店街を二時間歩いてみよう。いろいろな看板に注意しよう。いろいろな商品のパッケージングにうるさくなろう。どんなパッケージに目をひかれ、どんなパッケージから目をそむけたか、メモを取ってみよう。そして、街で勉強したことを、自分を売り込むときに、自分をブランドにするときに、どう活かせるかを考えてみよう。

7 自分という名の企業

朝、出社して机の前にすわったら、まず自分にこう言い聞かせよう。

「私はたしかに、この会社で働いているが、私はフリーエージェントで、ここには助っ人に来ているにすぎない。そして、その期限を決めるのは、ほかの誰でもない、この私だ」

私が勤めている会社ではない。私が会社だ！

決めた、そうしよう。いつから？　いまからだ！（少なくとも頭の中で……）

あなたがブランドになるのを妨げているもの、それは何かとあたりを見回すのは時間の無駄だ。その最大の障害物は、あなたの右の耳と左の耳の間にある。そこで何を考えているかが問題なのだ。あなたが今の会社にあと半年勤めると考えていようが、あと一六年勤めると考えていようが、それとはまったく何の関係もない（ただ、あと一六年いようと考えているとしたら、プロジェクトを生きること、自分をブランドにすることを、真剣に考えていると は思えないが……)。

すべては、鏡の中に何を見るかの問題である。鏡に映っているのは、会社に巣くうドブネズミなのか、それとも、いまは○○社××部の淵に身をひそめているが、いずれは天にのぼる竜なのか。

あなたという人間は、この地球上にあなたしかいない。あなたとまったく同じことができる人間は、この地球上に二人といない。自分の名前のあとに株式会社をつけて、声に出して言ってみよう。どうだい、まんざら悪くないだろう。

M・Jという女性を思い浮かべてみよう。M・JすなわちMJ株式会社だ。MJ社は朝六時、ベッドからはね起き、コーヒーを一杯のみ（三杯でもいいが）、国際事業を統括する本社に向かう。MJ社は机に着いたら、まずパソコンを立ち上げ、電子メールをチェックし、返事を書くべきものは返事を書き、それから一日の予定を立てる。お昼には、貴重な情報源といっしょに食事をとる。どういう予定を組むかは、きわめて重要だ。一〇分たりとも無駄にはできない。その日、何をするかに、まさに社運がかかっているのだから。

1. 同僚を愛称で呼ばないで、ちゃんとした名前のあとに株式会社をつけて呼んでみよう。あなたの隣にすわっているのが、マージェリー・マルチネスなら、「マージー」ではなく「マージェリー・マルチネス株式会社」だ。さあ、空気はどう変わるだろうか。お客さんから電話がかかってきたとき、マージーなら「いま担当者はいません」と言えるが、マージェリー・マルチネス株式会社ならそうは言えない。

2. 予定表は神聖なり。毎日、状況は刻一刻と変わるが、それでも、自分の予定表はテレビ局の番組表と同じものだと考えていい。大統領の秘書官に負けないくらい、真剣にその日の予定を考えてみよう。あなたの一挙一動がメッセージをもっている。片時も息は抜けない。どんな些細《ささい》なこともなおざりにできない。あなたがその日何をやるかで、あなたのブランド・イメージは上がりもするし下がりもする。自分が、自分という会社のスポークスマンになり、広報マンになり、メッセージ・メーカーになるのだ。

8 自分が大切にしているもの

「自分ひとりのビジネスとは、ライフスタイルそのものであり、自分はどういう人間か、自分は何を大切にしているかを表明するものである」

——クロード・ホイットマイヤー他『自分ひとりのビジネス』

自分とはどういう人間か。

自分は何を大切にしているのか。

私ならこう答える。名人芸。人間としての成長。ひととは違うこと。しびれるようなプロジェクト。自主独立。自己管理。自分をブランドにしようと思うなら、自分が会社になろうと思うなら、こうしたものが欠かせない。

生き残ることは大切だ。しかし、ただ息をしているだけでは人生とは言えない。自分が大切にしていることを守ってこそ、生きる意味がある。

胸に手を当てて考えてほしい。昨日、職場で四つの会議に出たが、自分が大切にしていることのために、自分は何をしただろうか。ひとつひとつの会議を思い出してほしい。夢遊病者のようにすわっていただけか。それとも、ひとりの人間として、自分なりに貢献できるはずの「世の中の大事」のために、めざましい（あるいは目立たない）貢献をしたか。

昨日という一日、名医は何人かの命を救い、立派な牧師は何人かの魂を救った。あなたの昨日は、どんな一日だったか。

1. 昨日の会議のことをじっくり思い出してみよう。自分はどんな発言をしたか。その発言は「自分が大切にしていること」とどういう関係があったか。明日の会議で（あるいは今後一週間の会議で）、自分はどんな発言をしようと思うか、具体的に考えてみよう。

2. ミッション・ステートメントを書いてみよう。これは、自分という会社の「社是」のようなものだ。自分が大切にしているものを簡潔明瞭に言葉にできないようなら、それは信念とはいえない。「何が大切なのか」――ひとりでしずかに考えてみよう。納得いくまで同僚と話し合ってみよう。

3.

(1)自分はどういう時間の使い方をしているか。

(2)会議で自分が貢献していることは、どういう性質のものか。

(3)自分はどういう人たちと付き合っているか。

このうちどれか一つを選んで、二四時間以内に考え直してみよう。

9 ビジネス力

ビジネスに必要なもの——

- 簡潔にまとめられた、現実的で採算に乗る企画
- 魅力的なサービス「商品」
- お客さん第一
- セールス偏重
- 会計の基本をマスター（会社から給料をもらっていても、ビジネスをやるにはコストがかかる）
- 万全のサポート体制をしくための、外注先の強力なネットワーク

クロード・ホイットマイヤーほか二人の共著『自分ひとりのビジネス』から、有用なビジネス力をワンセット、紹介しておこう。

- 商売のセンス（現実的な企画、お客さんに得をさせる企画を立てる）
- 市場優先（お客さんがいなければ、あなたの才能は活かしようがない）
- 顧客選別力（お客さんは気をつけて選ぶ）
- 会計の理解力（基本をマスターすることは必須）
- 集中力（一つの分野を核にして、その関連分野に手を広げていくのはいい）
- 修練力（腕を磨くことを怠らない）
- 表現力（自分がどういう人間であるかを簡潔に表現できること）
- 販売力（すなわち自分を売り込む能力）
- ネットワーク力（心の支えになるシステムづくり）

「ビジネス力」をつければ、おどろくほど世界が広がる（それは文字どおり、私たちを自由にしてくれる）。

私たちのほとんどは（たとえ会社から給料をもらっていても）、こうした力を身につけていく必要がある。知らず知らずのうちに身についているというのではなく、意識して、力をつけていく必要がある。

私は、ビジネスに関する学位を二つ取っているが、マッキンゼーをやめて独立した頃のことを思い出すと、いまでも寒けがする。私はコスト計算すらできなかった。請求書の書き方も知らなかった。交渉のイロハも知らなかった。もっと早く目が醒めていたら、しないで済んだ失敗がたくさんあったと、いまにして思う。

1. クロード・ホイットマイヤー他『自分ひとりのビジネス』（邦訳なし。“Running a One-Person Business”）を買ってきて、仲間と読書会を開こう。これは会社（あなたの雇用主）を裏切ることにはならない。みんなのビジネス力がつけば、あなたの部署の販売成績が伸びるのだから。

2. 先に列挙した〝力〟をつけるために「自己学習プログラム」をつくってみよう。自分が不得手だと思うことを二つか三つ選んで、学習計画を立てよう（自分にどれだけの力があるか、項目ごとに自分で点数をつけてみるのもいい)。世間にはいろいろな学校がある。終業後にそういう学校に通うことも考えてみよう(たとえば、簿記学校など)。

3. MBAの取得を考えてみよう。私は長い間、MBAなんてくだらねえと言い続けてきた。しかし、私はそれを取得しているし、取っておいてよかったと思っている。私がもし三十代で、将来はどうなるかわからないと思っているとしたら(実際、将来はどうなるかわからない。あなたがいま、自分の将来に自信をもっていても、それは認識の問題にすぎない)、夜間のMBAコースに通うことを考える。

4. ビジネス力を磨くために、ほかの部署、ほかの会社に移ることを考えてみよう。たとえそれで降格になったり、給料が減ったりしても……。馬鹿なことを言うなって? 私が馬鹿なことを言うには、それなりのワケがある。整理リストにあなたの名前が載る日に備えて、何かをしておきたいとは思わないか? 基本的なビジネス力は、ブランド人になるために必須の能力である。それさえ身につけておけば、もうリストラなんて怖くない。

9a

八つの頭をもつ怪物

ウィリアム・ブリッジズは『自分という名の企業を創れ』の中で、八つの帽子をそろえる必要があると説いている。その八つとは、

- マーケティング帽
- 商品開発帽
- 業務管理帽
- 顧客サービス帽
- 販売帽
- 情報管理帽
- 時間管理帽

❂ 計画帽

ブランド人には帽子が八つも必要だと言われれば、誰だって気後れする。しかし、どういう会社に勤めていようと、どういう部署で働いていようと、地位や肩書に関係なく、この八つの分野をすべて、少なくともイロハぐらいは心得ておく必要がある。

マーケティング　あなたはマーケティングに精通しなければならない（たとえ、一介のサラリーマンでもだ）。あなたのパッケージングは、人びとを感動させ、人びとの記憶に残るものでなければならない。お客さんにどうアプローチし、どう喜んでもらうか——はっきりした戦略がなければならない。

商品開発　あなたは必要とされるサービスを提供している（そのサービスが、あなたの「商品」だ）。だから、自分の商品ポートフォリオを絶えずグレードアップしていかなければならない（ときには飛躍的に）。何年たっても代わりばえがしないとすれば、ヒューレット・パッカードと同じぐらい、死活問題になる。

業務管理　あなたの仕事は、あなたの事業だ。報告書に手抜きは許されない。信頼できる外注先を確保しなければ、ろくなサービスはできない。各月の締め日までに、すべての計算がきちんと終わっていなければならない。時刻表どおりに走らない列車には誰も乗らなくなる。こまごまとした日常業務をきちんとできなければ、あなたという会社はあっというまに信用を失う。

顧客サービス　誰のために仕事をしているのかを片時も忘れてはいけない。いつだって、最優先事項はお客さんだ（しつこいようだが、雇われの身であっても、ＣＥＯのつもりでお客さんに向き合おう）。

販売　売ってなんぼがビジネスじゃ。サラリーマンだろうが個人事業主だろうが、どんなすごいプロジェクトを企画しても、売り込めなければ絵に描いた餅に終わる。

情報管理　年商数十億ドルの大企業でも、たった一人の零細企業でも、「情報インフラ」の重要性に変わりはない。たかが「ファイル・システム」を「情報インフラ」とは笑わせるという人もいるだろうが、私はマッキンゼーをやめて独立したとき、ファイルの整理がいかに重要か、情報システムを戦略資産に変えることがいかに重要かを思い知った。たった一人の会社でも、コンピューター時代を避けては通れない。いやむしろ、コンピューター・ネットワークのおかげで、ブランド人が誕生しやすくなった。少なくとも人並みには（望むらくは人並み以上に）コンピューターを使えるようにしたい。

時間管理　時間をうまく管理できている人はいない（毎日毎日、時間がいくらあっても足りない）。だが、あきらめてはいけない。時間管理には、執念を燃やさないといけない。早い話が、いまやるべきことにどこまで集中できるか、戦略的にやるべきことがどこまで明確になるかは、時間配分で決まる。

計画　自分は何者か。自分が大切にしているものは何か。自分の信念を曲げることなく、どうすればこのプロジェクト（しびれるようなプロジェクト）を、期限内に予算内で仕上げることができるだろうか。すべては計画にかかっている（杜撰《ずさん》な計画は論外だが、複雑すぎる計画も害が多い）。

以上八つの帽子のうち、どうでもいいものは一つもない。つまり、八つの頭をもつ怪物にならなくちゃいけないってことだ。もちろん、自分に合う帽子と合わない帽子がある。取り組むべきは、合わない帽子のほうである。

1. 八つの帽子、ひとつひとつについて、あらたにファイルをつくってみるのはどうか。どの帽子でも、それをかぶるチャンスがあったら、積極的にチャレンジしよう。

2. 毎週一回、八つの帽子リストをチェックしよう。それぞれの帽子について、自分はこの一週間に何をやったか、来週は何をやるつもりか、考えてみよう。三か月に一回、自分ひとりで本格的な反省会を開くのもいい。

ポイント☞どれ一つとして、踏みつけにしていい帽子はない。

3. それぞれの帽子について、どんな形でもいいから、学習計画を立ててみよう。

ポイント☞どの帽子でも、能力をアップしなければならない。

10 ビジネスというゲームはおもしろい

スプリング・リマニファクチャリング社のCEO、ジャック・スタックは、社員にこう呼びかけている。「ビジネスという、おもしろいゲームで遊ぼう」

このゲームのポイントは、どうすればお金が儲かるかを理解することである。

ブランドを目指すなら、ブランド人経済学の基本をマスターしなければならない（いまのところ、経費はすべて会社持ちでも）。まずは、自分という「商品」の市場価値を正確に把握し、それから、その価値を生み出すコストを理解しなければならない。

チョコレートというモノでも、建築設計というサービスでも、ブランド「商品」には市場価値がある。そして、その商品をつくりだし、市場に提供するには、コストがかかる。出張費、電話代、コピー代、印刷費、調査費などなど……。

売り手と買い手の合意によって決まる商品価格―コスト＝利益

私はついていた。一九八三年、メアリー・ケイというネアカの女性がパートタイムで働きにきてくれて、これが凄腕のセールスウーマンだった。セミナーの問い合わせがあると、私の指示を待たず、私がそれまで請求したことのある最高金額の三倍もの料金を、彼女は提示した。ちょうど『エクセレント・カンパニー』が大当たりした頃だったので、そんな高い値段でも、セミナーの依頼が殺到した。私はこのセールスウーマンから貴重な教訓を学んだ。「求めよ、されば与えられん」というのは本当だったのだ。

講演というサービスの価格はどうやって決まるのか。私は大勢の人たちを前によく講演をする。コリン・パウエルとジョージ・ブッシュが引退後にこの市場に参入してきて、この二人は目の玉が飛び出るような講演料を要求した。そのおかげで相場の天井が高くなり、その他大勢の講演料も（ありがたいことに）底上げされた。

私は本を出すときはいつも、お金のことはすべて、エージェントのエスター・ニューバーグにまかせている。値段の交渉には面倒な駆け引きが必要になるからだ（誰だって、できるだけ高く売りたいが、出版社と信頼関係を築き、維持していくことも重要である）。

このように、価格はいつも、市場で決定される。あなたがもらっている給料が、まあ大体、あなたの価格だということになっている。しかしこれは同類を想定した、ひとつの目安にすぎず、あなたにしかできない仕事の市場価値を正確に反映しているとは限らない。

だから、自分という「商品」を明確に定義したうえで、それがもつ価値をもっと緻密に査定してみよう。そして、自分と同等の商品の値段が市場でどうなっているかを調べてみよう。これは簡単にできるとは限らないが、やろうと思えば必ずできる（たとえ当分の間、会社をやめるつもりはなくても、この査定と調査はやったほうがいい）。市場が理解できる言葉で商品を説明できるセンスをもち、商品価値にいつも敏感であることは、私たちすべてにとって大切である。

その次に問題になるのが、コストの把握だ。大きな会社で働いていると、これがなかなか難しい。なにしろ、何百枚コピーを取ろうが、ただなのだから。だからこそ、価値ある商品を生み出すには、どれだけコストがかかるかを考えてみよう。おそらく、ただだと思っていたものが、実はただではなかったと知って驚くはずだ。驚くことが、コスト意識を高める第一歩になる。

1. 市場に焦点をあわせ、自分の「商品」とはいったい何なのかを考えてみよう。できれば、自分と同じ分野で独立して成功している人の話を聞いてみるとよい。
2. インターネットや業界紙や見本市などで、自分と同等の商品の相場がどうなっているかを調べてみよう。
3. 自分がもしプロ野球の選手だったとしたら、契約更改の交渉でいくらを要求したらいいかを考えてみよう。自分という商品には、どれくらいの魅力があり、値打ちがあるかを考えてみよう。
4. コストに関するデータを集めはじめよう。まずは、ファイルをひとつ用意しよう（電子ファイルでもいい）。隠れコストがいろいろあるから、注意が必要だ（たとえば、自分でデスクトップ・パブリッシングができなくて、それが得意な同僚や部下に書類の作成を頼んだとしたら、その分のコストが発生している。専門家に頼んだらいくらかかるか考えてみよう）。

5. おおまかなものでいいから、損益計算書をつくってみよう（業務日誌をつけて、弁護士のように、請求できる時間数を計算してみるのもいい）。

11 自分を世間にどう伝えるか

自分はいったい何者なのか。精神科医の問診を受けるときのように、口から出まかせを言ってはいけない。

私、トム・ピーターズの場合を考えてみよう。

「講演をしたり、セミナーをしたり、ときには本も書く」。これでは、私の顔が見えてこない。「経営者・管理職を対象にセミナーを行っている」。すこしはよくなったが、それでもまだ漠然としている。「新しい世紀に向け、職場の激変にどう対応すべきかをテーマに、経営者・管理職を対象にセミナーを行っている」。陳腐な言葉が並んでいるが、すこしは私の顔が見えてきた。

みなさんの場合はどうだろう。たとえば「セクハラ訴訟を避けるエキスパート。私の名前は、二五の新聞・雑誌に取り上げられた」。たとえば「金融サービスと小売業に豊富な経験あり」。

はっきりと正確に伝えることが大切だ（若干、見栄が入っても……）。

- 自分はいったいどういう人間か
- 自分の商品《うりもの》は何か
- それは何がスペシャルなのか
- 類似商品とどこがどう違うのか
- その信頼性をどう表現すればいいのか
- 自分がすすんでることをどう伝えればいいのか
- 自分がカッコいいことをどう伝えればいいのか

ブランドとは、一皮剝けば中はからっぽというものではなく、もっと重層的なものだ。味わいのあるものが幾重にも折り重なって、一回限りではなく、いつまでもみんなに愛される商品が生まれる。

1. 日々磨き上げていく腕（これだけは誰にも負けないという技能）
2. 過去の実績（自慢できるプロジェクトがいくつあるか）
3. 世間の評判（口コミはおそろしい）
4. 見た目（身だしなみは大切だ、そして名刺も……）
5. 話術（説得力、表現力）
6. ひとがら・個性（いちばん大切なのは、あなたらしさ）

　このうち一つさえあれば十分というわけにはいかない。何かを説明するときのセオリーに反して、私は話を複雑にしようとしている。実際、世の中は複雑なんだからしようがない。

　ブランドとは、さわれるもの、さわれないもの、見えるもの、見えないものの複合体である。たとえば、コカ・コーラが売っているのは、不思議な味がするドリンクだけではない。安心感、爽快感、疲れたときのひとやすみ、仲間と談笑する楽しさ……いろいろなものを売っている。この「プラスα」がなければ、あれだけのブランドにはならない。

1. ブランドになっている人たちを研究しよう。マーサ・スチュアート、オープラ・ウィンフリー、プラシド・ドミンゴ、マイケル・ジョーダン、フランク・ゲーリー（建築家）、リー・アイアコッカ……。何のために？　有名ブランド人がどうやって今日の地位を築いたかを考えるために。

2. 自分はどういうブランド（商品）を目指すのか――その声明文をつくるときに焦ってはいけない。まずは下書きから始めよう。自分という人間、自分という商品、自分の技能、自分の考え方、自分の魂、自分の性格……それを端的に表すぴったりの言葉が見つかるまで、根気強く下書きを続けよう。

3. 目指すものがはっきりしてきたら、自分を売り込むパンフレットをつくってみよう。一度つくったらおしまいではない。何度でもつくりなおす。この作業に終わりはない。

4. ひとりで考える。ひとに相談する。広告代理店やPR会社で働くプロと友だちになろう。

5. 趣旨に賛同するチャリティー募金活動に参加してみよう。きれいごとを並べただけでは、お金は集まらない。大勢の人にお金を出してもらう苦労は、かならずや、マーケティング・スキルの向上に役立つ。

12 名刺を捨てられないために

私は過酷な注文をしているかもしれない。あれもこれも……やらなければならないことが山ほどある。コカ・コーラのようなブランドになれ。アーサーアンダーセンのように会計をこなせ。ジグ・ジグラーのように自分の商品を売り込め。

私はスーパーマンじゃないんだからと、気が重くなった読者もいるかもしれない。だけど、あなたはカッコよく生きたいと思っている。革命を待ちわびている。しびれるプロジェクトの女王だと言われている。仕事には魂を打ち込んでいる。ね、そうでしょう?

この項は、気を楽にして、お遊びのつもりで読んでいただきたい。

名刺の肩書を考え直してみたらどうだろう。たとえば、こんなふうに変えてみたら……。

ど肝抜き専門

世間騒がせ男
隠れ革命児
世直し奉行
燃えるイイ女
大反響《あらし》を呼ぶ男
梁山泊主宰
情熱ガイド
あぶない魔法使い
胸騒ぎの伝道師
野獣系・伝道師
革命の火付け人
ものぐるい姫
顧客サービス・コダワリスト
見果てぬ夢製造業
喧嘩売ります

やすらぎ配達人
懲《こ》りない反逆者
頭イカレリアン／頭イカレリーナ

世の中を変えてやろうと思い、小騒動（あるいは大騒動）を起こし、後世に残る仕事をする——それが、ブランド人ってもんだ。だから、退屈な御仁の目が点になるような名刺をつくって何が悪い？

1. これはビールかワインでも飲みながらやるのが一番いい。気の合う仲間といっしょに。まず言葉遊びをしながら、自分というブランドのアイデンティティーを探し当てよう。ブレーンストーミングの標準的ルールを守ろう（ネガティブなことは口にしない）。言葉は突飛なほどいい。脳漿《のうしょう》を絞って考えよう。世間の常識にとらわれる必要はない。禁じ手はない（ありったけのものを書き出してから、それから剪定《せんてい》作業に入る）。

2. どんなに忙しくても、時間をとろう。ここで問題にしているのは、あなたのアイデンテイティーなのだから。

3. これだというものが決まったら、その新しい肩書で名刺をつくろう。「びっくり名刺」をいつも使う必要はないが、いつもポケットの中にしのばせておいて、気分が最高のとき、あるいは最高に頭にきたときに使ってみよう。

4. なあ、自分をブランドにする旅は、冒険なんだから、大いに顰蹙《ひんしゅく》を買おう。轟々たる非難をあびよう（追伸　これは大まじめなことだから、楽しくやろう。追追伸　ユーモアは、みんなが使うことを忘れている、恐るべきビジネス兵器である）。

13 していることを見れば、その人がわかる

「世の中を変えたいと思うなら、その方向に自分たちが変わらなければならない」

——ガンジー

自分とはいったい何者か？

私の答えはいたって簡単だ。

予定表を見れば、その人がわかる！

ひと昔まえ、みんな品質管理で大騒ぎした。「品質問題」に取りかかる成功の秘訣は何だったか。デミング・セミナーに行くこと？　クロスビーの著作を読むこと？　どちらも悪くない。大いに勉強になる。しかし、本当の秘訣は、自分のいちばん貴重な資源、すなわち時

間の五〇パーセントを「品質そのもの」に費やすことだ。

「言行一致」あるいは「世の中を変えたいなら、まず自分から変われ」と言ってもいいし、「集中こそすべて」と言ってもいい。

人を気づかうふりをすることはできても、その場にいない人が、その場にいるふりをすることはできない。

自分の名前をブランドにできるかどうかは、署名入りのすごいプロジェクトをやり遂げられるかどうかにかかっている。だとすれば、気が散るものをできるだけ排除し（排除目標は九六パーセント！）、署名入りのすごいプロジェクトに全力を傾注しなければならない。

すこしでも時間が見つかると、あれもこれもと手を出すヤツがいる。仕事も遊びも細切れにしかできないヤツがいる。どうでもいいことに忙殺されて、時間が足りないとぼやいているヤツがいる。大馬鹿者！　時間を大切にして、はじめて時間はできる。

友だちや妻や（夫や）子供たちに「ノー」と言わなければならないとして、それがいったいどうしたというのか。何も失わずに得られるものなど、この世にありはしない。

私は本を書いているとき（いま書いているのだが）、友人にも家族にも同僚にも、おそろしく冷たくなる。手紙をもらって、一年も返事を出さないこともある。リトルリーグの試合にはすっかりご無沙汰するし、母親には電話さえかけない。正直いって、私にはそうする以外にないのだ。ほかにどうしようがある？

ああ、時間！

陳腐な言い方だが、時間ほど大切なものはない。私は今朝はやく、買いたいものがあって外に出た。ところが、お目当ての店は二軒とも閉まっていた。開いているはずの時間に閉まっていた。私は腹が立った（店のシャッターを叩き壊したいほど）。しかし、私はいま本を書いている（これはシリーズにするつもりだから、最低あと二冊は書く）。つまらぬことにかかずらわっている暇はない。なによりも大切な時間は、刻一刻と過ぎていく（失われた一日、失われた一時間は、永遠に帰ってこない。いまはいま、いましかない）。

砂漠で一滴の水を惜しむように、一刻を惜しめ。一刻値千金の連続が、ブランド人への道だと思え。

1. 予定表にはもっと神経を使おう。朝起きたら、ひとつひとつ細かく内容をチェックし、

夜寝るまえに一日を振り返ってみよう。今日やろうとしていることは、今日やったことは、ブランド人になるための優先事項にぴ、っ、た、り、合致しているかどうか、検証してみよう。

2. ブランド人を目指す同志を集め、「時間に悩める者を救う会」を結成しよう。毎週、反省会を開いて、時間無駄遣い中毒から立ち直れるよう、みんなで助け合おう。

3. 雑用を追い払おう。毎日。

4. どうしても追い払えない雑用は、自分の目標や信念に合致する方向で、うまく利用できないものか、考えてみよう。つまらない仕事を、胸が高鳴るプロジェクトに変えられないかどうか、智恵を絞ってみよう（ヒント※かならずできる）。

14 政治は汚い仕事ではない

USウエストの元経営幹部、ボブ・ノウリングは、改革の旗振り役にこうアドバイスしている。

- だれにだって、多少とも変えられるものがある。まず、自分の手が届くところから始めよ。
- 許可を求めるのは、「だめだ」と言ってくれと頼むのと同じ。
- 待っていれば、事態は悪くなるばかり。戦いを起こせ。
- モデルやコンセプトを持て。「自分の考え」をいつでも言えるようにしておけ。
- 政治は人生そのもの。すべての人が満足する改革はない。
- 改革とはお題目ではない。人びとを安全地帯から引っ張り出すことだ。

これまでは、夢見ることを話してきた。これから話すことは、たっぷりと汗をかかなくちゃいけないことだ。すなわち、**実行**である。

別名、政治ともいう。政治は「ものごとを実現する技術」とか「可能性の模索術」とか言われる。考えてみれば、まさに人生そのものではないか。この世の中、花ばかり見て暮らすわけにはいかない。だから、政治力をつけることは、あなたの人生に大きくプラスになる(どんな崇高な目標でも、人の助けや人との妥協なくして、達成はありえない)。政治が好きになれば――好きになれなくても、その重要性を理解して、その術を学ぼうという気になれば――あなたは泣く子も黙る改革のダイナモになれるし、それになにより、有名ブランドに大きく一歩近づく。どうしても政治が嫌だというのなら、カワイソーだがしかたがない。ブランド人になるのは諦めてもらうしかない。

しかし、諦めるまえに、私の言うことを聞いてほしい。あなたは決して無力ではない(自分でそう思っていない限り)。

どんな仕事だって、世のため人のためになる仕事、カッコいい仕事に変えられる。みんなが嫌がる恒例の春の大掃除だって、プロ野球の春季キャンプに変えられる。自分たちの会社を見直す絶好の機会、自分たちが生まれ変わるまたとないチャンスに変えられる。

先に紹介したボブ・ノウリングのアドバイスを思い出してみよう。許可を求めるのは、「だめだ」と言ってくれと頼むのと同じ——言い古されたことだが、まぎれもない真実だ。あなたが二三歳であれ五三歳であれ、許可を求めずに突っ走れば、その先に栄光が待っていることが多い（中学校の歴史の教科書を思い出してみよう。「許可を求めて」歴史に名を残した人物がはたして何人いるか。コペルニクスは？　ジョージ・ワシントンは？　マーチン・ルサー・キングは？）。

このテーマについては、別に本を一冊書く準備をしているので、ここでは次のことを繰り返すにとどめたい。

政治は汚い仕事ではない。それは人生そのものだ（何かすばらしいことをして人生を終えたいと思うなら）。

1. 信頼できる同僚二、三人と、政治について話し合ってみよう。市議会でも町議会でもいい、知り合いに議員がいたら、話を聞いてみよう。美徳とは何か、実行力とは何か、話し

合ってみよう。

2. ブランドを志す者三、四人と、勉強会を開こう。ボブ・ノウリングの助言を読み返して、それを現在進行中のプロジェクトにどう活かせるか、考えてみよう。ノウリングの助言のうち、すくなくとも一つを実行に移す明確なプランができるまで、勉強会をお開きにしてはいけない。

3. 政治力と実行力に関する本を集めて図書館をつくろう。同僚に声をかけ、社内で実行力が評判のプロジェクト・マネジャーを招いて、研修会を開いてみよう。

15 つまらない仕事を黄金に変える

ひとのせいにするな。決めるのは、あなただ。

黄金律――どんなつまらない仕事も、黄金に変えられる。イマジネーションさえあれば。

ここだけの話だが、いいことを教えよう。

ビッグ・プロジェクトだけが、プロジェクトじゃない。

私はウソは言わない。大ベストセラーになった『エクセレント・カンパニー』は、誰ひとり振り向きもせず、最初は誰ひとりお金を出してくれないちっぽけなプロジェクトから生まれた。

　つまらない仕事、誰にも頼まれない仕事が――くすぶっている隠れた才能との出合いを生み――パンドラの箱、目も眩《くら》むようなドル箱をあけてしまうことがよくある。

いま二六歳で、下っ端のあなたには、つまらない仕事しか回ってこないかもしれない。さて、問題はそこから先だ……。「つまんねえ」と言いながら仕事に取りかかるか、それとも、その「つまんねえ」仕事を「すげえ」プロジェクトに変えてやろうと思うか。

そんなことができるだろうか……。できる。やる気さえあれば、できる（やる気がなければ、なにごとも始まらない）。

そんなことが実際にあるのかって？　あるとも。あるどころじゃない、世間ではよくある話なのだ。

大ヒット商品や永遠のベストセラーは、いつも決まって（そう、いつも決まってだ）、ほんのちょっとしたことがきっかけになっている。たとえば、ある日曜日の朝、教会でのこと。ある男が手にした聖歌集から一枚の紙切れが床に落ちた。それは、その日歌うはずの頁にはさんでおいた栞《しおり》だった。男は舌打ちしてつぶやいた。「落ちない栞はないものか……」。そのつぶやきから一五年後に生まれたのが、3M《スリーエム》の大ドル箱商品〈ポスト・イット〉である。

たとえば、あなたが社員研修専門の会社に勤めていたとしよう。あなたは下っ端で、やることといえば電話番ぐらいだ。ある日電話を取ると、販売員四人を一日だけ研修してほしいという依頼である。ちっぽけな注文だ。しかし、お客さんが考えているプロジェクトの内容を聞いているうちに、意気投合し、すっかり興奮してきた。そこで、社内規定に反し、くる日もくる日も、ひそかにそのプロジェクトを調査する。そして、画期的な研修セミナーを考え出し、お客さんを集める。それから二年後、あなたのセミナーは会社の売上高の三五パーセントを占めるようになり、スピンオフが決定され、あなたは二八歳にして新会社の社長におさまる。

すべては、気がまえの問題である。つまらない仕事が回ってきたとき、落胆するか、それとも絶好のチャンスだと思うか（あなたのやることは誰も見ていない。それは「つまらない」仕事なのだから）。

失礼だが、あなたは間違った本ばかり読んでいるのではないか。自分は無力だなどという言い訳は聞きたくない。作家にして俳優にして哲学者だったロザンヌは言っている。「力は誰も与えてくれない。自分で奪い取るものだ」と。私がこれに付け加えるとすれば、二六歳でも六六歳でも、一六歳でも八六歳でも、このことに変わりはないということだけだ。

1. この次、つまらない仕事、ちっぽけな仕事が出てきたら、勇んでそれに飛びつこう。そして、それを感動の仕事に変えてしまおう。お鉢が回ってくるのを待っている必要はない。つまらない仕事を探して、うろつきまわろう。きょうから、さっそく！

2. 右のことを読み返そう。忘れた頃に、また読み返そう。

3. 共謀者（ブランド志望者）を何人かみつけて、ちっぽけなプロジェクトからどでかいメッセージを伝える方法をいっしょに考えてみよう。ガラクタの山の中に、磨けば光る珠《たま》の原石が隠れていないか、血眼《ちまなこ》になって探してみよう。

4. ちっぽけな仕事は**でっかい**チャンスだと思え。このことについて、親しい同僚や尊敬する上司と話し合ってみよう。はじめが「小さい」から、おしまいも「小さい」とは限らない。

15a くだらないことはやめる

伝説的なバスケットボールのコーチ、ジョン・ウッデンはこう言っている。
「自分にはどうにもならないことでくよくよしても始まらない。……毎日を大切にすることから、成功への道は開ける。……その日その日を傑作にするつもりで生きれば、天使にだってできないことができるようになる」

私は「一分間のエクセレンス」という言葉を盛んに使っていた時期があるが、実はこれ、IBMの伝説的なボス、トム・ワトソンから拝借したものなのだ。どうすればエクセレントになれるのかと聞かれて、ワトソンはこう答えた。「エクセレントではないことをやめればいい」と。私流に言うとこうなる。エクセレントじゃないことをやっている暇はない。いまは自分のブランドに磨きをかけるときだ。きょうやっていることが、すなわち実績になる。自分の実績に輝かしい一頁を加えるか、それともぬぐえぬ汚点を残すか、いずれにせよ、その責任はすべてあなたにある。

トム・ワトソンが言ったことには、まったく賛成である。

「エクセレンスへの道は、いますぐ、エクセレントではないことをすべてやめることだ」

言葉にすれば簡単だが、やるとなれば難しい。

くだらないことをやめる＝エクセレンス＋ブランド人への第一歩

読者の誰かさんは言う。「だけど、私にできるだろうか？」

答えはもちろん「できる」なのだが、そう答えるまえに私はこう問い返したい。

「できるかどうかを心配するまえに、やる気がありますか？」

次回の会議からさっそく始めてみてはどうだろう（二〇分後に始まる会議から）。きょうの予定表づくりから、さっそく始めてみてはどうだろう。

私のオフィスでのある日の出来事。

その男の名前をかりにジョンとしておこう。ジョンは締め切りに追われて、パニック状態になっていた。血相を変えて走りだし、私の前を通り過ぎようとした。私の手元に届いたプロジェクトの企画書は、文字どおりインクの匂いがした。

こんな時にどうかとは思ったが、企画書を手に思わず声が出てしまった。

「ちょっと待て。この企画は、どこがどうすごいんだ？」

「急いでいるんです。帰ってきてからにしてください」

「だめだ。いま話し合おう」

「へ？」

「いまだ」

ジョンは走るスピードを緩めた。

「どうして待たなきゃいけない。いつになったら、すごいことをやるんだ」

ジョンは完全に足を止めた。そこで私たちは五分ほど話し合った（いや三分ぐらいだったかもしれない）。私は彼に命令を下す立場にはなかったが、彼はそれを最終の企画書ではなく、企画書案として、もう一度考え直すこと、すごい結果を出せると確信できるまで、プロジェクトを進めないとクライアントに約束することに同意してくれた。

人生は、その時その時が締め切りだ。いまやらなければ、いつやるのか。

1. 本日の予定表をもう一度じっくりながめてみよう。その中に、すごくないものがあれば、選択肢は次の二つしかない。⑴それをすごいものに変える。⑵予定を白紙に戻す。

2. 「これは本当にすごいことか、そうでなければやめよう」と自分に、そして同僚に問い詰めるクセをつけよう。ブランド人を目指すなら、あとではなく、いま、一〇〇パーセント自慢できる仕事をやる！

そういう仕事をしていないなら、自分に、人生の伴侶に、大切な人に、親友に、そして母親に、一〇〇パーセント自慢できないワケを説明してみよう。

16

金《かね》が積もれば、心が萎える

UPSやマリオットなど、私が尊敬する企業のほとんどは、驚くほど少ない元手でスタートしている。当初の資本金が二〇〇〇ドル未満というのも、決してめずらしくない。冒険に旅立つのに、たいしてカネはいらない。志と執念と、心の支えになる何人かの友と、次の一歩（たいていは小さな一歩）を踏み出そうという熱い思いさえあればいい。

「あれもない、これもない」という言い訳は許されない。

- 完全に手足を縛られている人はいない
- 許可は要らない
- 立派な肩書は要らない
- 大きな仕事は要らない

カネは要らない

カネは人間をダメにする（少なくともその可能性がある）。あまりに多くの資金が集まると、出資者への恩義もあり、失うものが大きくなって、思い切ったことができなくなる。だいたいにおいて、歴史はあなたの味方、貧乏人の味方である。製品でも企業でも革命でも、後世に名を残すものの大半は、雀の涙ほどの資金で、地下室やガレージからスタートしている。ソニーも、UPSも、マリオットも、アップルも、ヒューレット・パッカードも、ピザハットも、マイクロソフトも、フェデックスも、みんなみんなそうだった。

「地上最大の民主主義」をつくりあげたと言われるガンジーに、いったいいくらの予算があったというのか。

金庫にうなるほどのカネがないなら、あなたは見つけなくちゃいけない。何を？　友を。時間を貸してくれるパートナーを（時間を貸してくれる人は、カネを貸してくれる銀行よりありがたい）。おかしなことを試させてくれる、物好きなお客さんを……。

必要は発明の母なりというが、必要はまた、心のつながりの母でもある。心のつながり（同志のネットワーク）は、カネで買えない。カネは往々にして、虚栄と無駄と奢《おご》りをふくらませる。カネは智恵を涸らし、勇気を挫き、活力を奪う。心の中にひそむ「飢えた狼」こそ、明日に生きるダイナモである。

1. 同志を求めてさすらおう。「ぜひ一度、お会いしたい」というのを口癖にしよう。今後一〇日間の予定表に、三つの朝食会と四つの昼食会を組み入れよう（そう、私はいつも、数字をはっきり出す）。自分が計画しているすごいプロジェクトのサポーターを探すために。

2. 自分のプロジェクトをチャリティー募金活動のように考え、ボランティア集めに乗り出そう。

17 プロジェクトのポートフォリオ

きょうから、プロジェクトのポートフォリオのことをいつも考えるようにしよう。取り憑かれたように……。ブランド人への道を切り開く大切な仕事、それは、お客さんを中心に動き、一個の作品となるプロジェクトしかない。それが、ブランド人の財産になる。それが（雇われ人であろうとなかろうと）解放行きの（唯一の？）切符、（精神的にも現実的にも）独立行きの（唯一の？）の切符になる。

1. 仕事は与えられてやるものじゃない。
2. プロジェクトだけが財産になる。
3. プロジェクトのポートフォリオを考えてみよう。

次の一行は、火の文字で印刷してほしい。

私が誰だか知りたかったら、私のプロジェクトをみてくれ。

（え、それはもうさっき聞いたって？　何度でも言うさ。わかってないヤツが多いからだ）

私はこれまで数多くのプロジェクトを遂行してきた。すごいプロジェクトを一つやり遂げた（それが『エクセレント・カンパニー』につながった）。平凡なプロジェクトもあった。爆弾のようなプロジェクトも……。

私は一九六六年から六八年にかけ、ベトナムに従軍して、四つの橋をつくった。砲床もつくった（これは工学雑誌に取り上げられた）。ペンタゴンに転勤してから取り組んだプロジェクトは、ディエゴ・ガルシア（インド洋）の海軍基地に結実した。一九七三年から七四年にかけては、ホワイトハウス、行政管理予算局、国務省を転々としながら、メキシコでの阿《ア》片《ヘン》撲滅運動を指揮し、このプロジェクトは大きな成果をあげた。書いていけばキリがないので、このくらいでやめておく。

プロジェクト、プロジェクト、プロジェクト。

プロジェクト、プロジェクト、プロジェクト。

私はいつもプロジェクトとともに歩き、プロジェクトとともに走る。

これを書いている四三時間前、私は「ミッドウエスト・ビューティー・ショー」と銘打った集いで講演をしてきた。集まったのは、おもに美容院経営者およそ五〇〇人。みんなカッコいい人たちだった。自分の人生に責任をもっている人たち、お客さんを幸せにする人たちだった。

私はいま五六歳。およそ三〇年にわたってプロジェクトを生きてきた。二時間の講演に、もてる限りの精力と知力をふりしぼり、思いのたけをぶつけてきた。

美容院経営者を前にした講演も、もちろん私のプロジェクトだった。ステージの中央に向かって歩いていくとき、私の胸はふるえていた。拍手喝采をあびるか、罵詈雑言《ばりぞうごん》をあびるか。このあとの一二〇分間、七二〇〇秒間に、私のすべてが試される。五〇〇人の心を揺さぶることができるか、それとも欠伸《あくび》をさせてしまうのか……。

私はプロジェクトを愛している。そして、プロジェクトに向かっていくときは、いつも胸がしめつけられる。そんな思いをしなくなったら、もう生きていたってしようがない。

1. ブランド人＝プロジェクトのポートフォリオ。だから、最近仕上げたプロジェクトのリストをつくってみよう。リストができたら、ひとつひとつについて、どれだけ危険を冒したか、どれだけ世の中にインパクトを与えたか、どれだけキレイだったか、どれだけ狙いどおりに実行できたか、どれだけお客さんをしびれさせたか、などなど、さまざまな観点から検証してみよう。そのポートフォリオは、ひとに自慢できるものか。物足りない点があるとすれば、それは何か（たとえば、大胆な冒険があまりない。アイデアはよかったが、実行がお粗末だったものが多すぎる、などなど）。そのポートフォリオが、自分が思い描くブランド人にふさわしくないものなら、いま進行中のプロジェクトで、その足りないものを埋め合わせられないか、昨日言いつけられた仕事でなにか工夫はできないか、考えてみよう。

2. あなたが管理職なら、部下の財産づくりを積極的に手助けしよう。部下に与える仕事はすべて、その人のプロジェクト・ポートフォリオに自慢のタネを加えるもの、それまでのポートフォリオにあった穴を一つか二つ埋めるものでなければならない。その配慮を忘れないようにしよう。プロジェクト・ポートフォリオの評価を、勤務査定の核に据えることも考えてみよう。

17a プロジェクトの魅力が、あなたの魅力

だから、プロジェクトごとに点数をつけてみよう。

1. 現在取り組んでいるプロジェクトのリストをつくる。
2. 自分にとって、お客さんにとって、どんなすごいことが期待できるのか、書き出してみる。
3. 自分の心がどこまで燃えるか、予想される結果にどれだけの衝撃があるか——この二点を基準に、プロジェクトごとに点数をつける。
4. 燃焼度＋衝撃度の点数がいちばん高かったプロジェクトをひとつ選ぶ。
5. ひとつ選んだら、燃焼度と衝撃度をさらに上げるため、そのプロジェクトのやり方を考え直す。予定変更の企画書をつくり（かならず一枚にまとめる）、お客さんや同僚に売り

込む。

6. その一枚の企画書をさらに煮詰め、5×7インチのカードにおさまるよう、五つの箇条書きに圧縮する。

7. 実現に向けて走りだす。いろいろな譲歩を強いられるとしても、すごいところだけは絶対に譲ってはいけない。

ポイント☞何がすごいのかをはっきり口に出して言わない限り、すごいプロジェクト、すごいプロジェクト・ポートフォリオは生まれない。

プロジェクト・ポートフォリオがおしゃれじゃないなら、あなたはおしゃれじゃない。

プロジェクト・ポートフォリオがつまらないものなら、あなたはつまらない人間だ。

1. 現在取り組んでいるプロジェクト、これから取りかかるプロジェクトの衝撃度を採点してみよう。まず自分で採点したら、チームメート、お客さん、部外者にも点数をつけてもらおう。採点基準は、「また同じことをやるのか」が一点、「その大胆さに息をのむ」が一

○点。もちろん、ひとによって点数にはバラツキが出る。四点と六点はどう違うのか。みんなで採点結果を話し合ってみることが大切だ。

2.「すげえ」と心の底から叫びたくなるまで、「そこまでやるかあ」とひとに言われるまで、プロジェクトを練り直す。ここでもまた、いろいろな人たちの意見を聞いてみるのがいい。

18 一点集中

「何をやるのかを決めるのは簡単。何をや、ら、な、い、のかを決めるのが難しい」

——マイケル・デル

照準が二つあってはならない。

鬼神のごとき一点集中。

ブランドを目指すとき、なによりも避けなければならないのが精力の分散だ。

ナイキはいま、いろいろなものを作っているが、はじめは靴しか作らなかった。リーバイスはいま、いろいろなものを作っているが、はじめはジーンズしか作らなかった（それも、ポケットの端をリベットで強化したジーンズだけ）。

あのマイケル・ジョーダンも、野球ではさえなかった。私が踊るタンゴは、お世辞にもうまいとは言えない。

ブランド人＝抜群＝実行＝鬼神のごとき一点集中

「だけど、やらなければならないことがたくさんある」。そういう反論が聞こえてきそうだ。たしかにそうかもしれない。だが、やらなければならないことの四分の三を、やらないで済ませる方法はかならず見つかる（戦略として冷たくなる訓練をしよう。八方美人になって精力を消耗し、くすんだまま一生を終えるより、人になんと言われようと力を一点に集中したほうがいい）。ブランド人になるためにまったく役に立たないものを、一つ一つ切り捨てていこう。当面の目標は、二点か三点まで絞り込むことだ。

その目標を達成したら、細心の注意をして、さらにハサミを入れる。最終目標は**一点**だ。これは苦しい作業になるが、苦しむだけの価値はある。一点に集中しなければ衆に抜きんでることはできないし、それになにより、もてる力のすべてを振り絞って、ただひとつのことに打ち込むことほど、人生の愉悦はない。はっと思って時計を見ると、いつのまにか何時間もたっている（さっき朝飯を食べたばかりなのに、外はもうすっかり暗くなっている）。時がたつのを忘れるとはこのことだ。一時間のうちに何度も時計を見ながら仕事をし

ていた日々がウソのようだ。そして、夢中になって時が過ぎていくうちに、あなたはめきめきとブランド力をつけている。だから、

1. 巷《ちまた》で評判の「時間管理の講習」を受けてみよう。
2. 三か月に一回、時間管理のアドバイザーに相談してみよう。
3. 先週やったことをすべて書き出してみよう。書き出したら、一つ一つについて、ブランド力強化にどれだけ役立ったかを考えてみよう。それから、二五パーセントから七五パーセントを削除し、残ったものをにらみながら、今週の予定を考えてみよう。
4. 「集中できない人間を救う会」を結成し、励まし合い、助け合って、集中力をつけていこう。これは楽しくやるほうがいい。
5. くだらない電子メールに返事を書くのはやめよう。
6. 出席する会議の数を三分の一減らそう。
7. 週に一日は会社に行かず、自宅で（あるいは近くの公園や喫茶店で）仕事をしよう。
8. 「ノー」と言う訓練をしよう。誰だって「ノー」とは言いにくい（私もそうだ）。だから、意識して練習しなければいけない（たとえば、鏡の前で二五回、繰り返し「ノー」と言ってみるのはどうだろう。ちなみに、私はときどきそれをやっている）。

9. できれば、上司の了解を得ておく。自分の夢を、野望を、日頃からそれとなく上司に話しておこう（これは上司にとっても「いい話」である。あなたは一芸に秀でることを目指しているのだから）。今後、失礼なことをするかもしれませんが、それは戦略上のことです、ということを上司に話しておこう。上司を味方につけよう。

10. 「禁欲デー」を考えてみよう。その日は、自分が好きなことを何かひとつ我慢する。何のために？　鬼神のごとく一点に集中するために。

1. 右の一〇項目を読み返し、実行に移す。
2. 自分はいったい何で有名になりたいのか、考えてみよう。ひとつのことにぴたりと焦点が合うまで考えよう。「これだ！」というものがわかったら、それを大きな紙に書いて、いつでもすぐ見えるところに貼りつけよう。それをカードにも書いて、いつも持ち歩こう。道ですれちがう人に、そのひとつのことを一分以内で説明してみよう。
3. とりあえずではあっても、ひとつのことが決まったら、自分の（貴重な）時間の七五パーセントを、その一点に集中することを誓おう。

4. 瞑想教室、ヨガ教室、絵画教室に通うことを考えてみよう。雑念を振り払い、集中力を高めるのに役立つはずだ。自分の名入れプロジェクトに全力を傾注するには、明鏡止水の境地（クリスチャンなら、神が自分を見守っているという心の平安）が必要になる。

19 お客さんは、あなたの鏡

どんな仕事でも、つまるところは、お客さんとの二人三脚なのだ。あなたがいくら冒険をしたくても、お客さんが尻込みしてしまえば、プロジェクトは思うように進まない。だから、細心の注意をして、お客さんを選ぶ必要がある（ときには拒絶も必要だ）。そう、お客さんを選ぶ権利はあなたにある。人生とは（ブランド人の人生とは）、選択にほかならない。

先にプロジェクトについて言ったことが、そのままお客さんにも当てはまる。
お客さんのポートフォリオが、あなたの財産目録になる。
私がどういう人間か知りたかったら、私のお客さんを見てくれ。

あなたが二〇年付き合ってきた人を見れば、あなたがどういう人間かわかる。

あなたの顧客リストを見れば、あなたがどういう人間かわかる。

私が付き合っている人、付き合っていない人が、そのまま私を映し出す鏡になる（どんなに華やかな仕事でも、腑抜《ふぬ》けの客を相手にすることほど、この世につまらぬ仕事はない）。

1. どんなときも、まっさきに、お客さんのことを考えよう。
2. パーティーなどに行ったら、芳名帳をめくってみたくなるのが人情だ（お行儀のいいことではないが）。これをすばやくスマートにできなければ、ワシントンでは生きていけない。おなたの値打ちは、お客さんのポートフォリオで判断される。まず、その事実を認めよう。そして、そのポートフォリオの質を管理しよう。
3. お客さんに尽くす。この尽くす気持ちがなければ、ブランド人にはなれない。このことを肝に銘じておこう。
4. 顧客リストを大切にしよう。自分ひとりで、あるいは同僚といっしょに、お客さんを一人ずつ（一社ずつ）取り上げ、値踏みをしてみよう。評価基準は次の五点。

(1)そのお客さんから何を学べるか。

(2)そのお客さんは信頼できるか。

(3)「ジョイント・ベンチャー」として、プロジェクトに取り組んでくれるか。ともに学んでいくパートナーとして、自分を扱ってくれるか。

(4)新しいことに挑戦する勇気があるか。リスクを恐れないか。

(5)ハンパなことでは満足せず、過酷な要求をしてくるか。

5. 右の評価にもとづいて、お客さんごとにアプローチ戦略（あるいは再アプローチ戦略）を練ってみよう。いちばん点数が高かったお客さんと、将来の計画を話し合ってみよう。

九〇パーセントのすごさで満足してはいけない。一〇〇パーセントすごくなければ。

20

お客さんとともに生きる

喜んで、お客さんの苦情を聞こう。

顧客満足熱にうなされよう。

ユーザー・フレンドリーを、すべてのプロジェクトの柱に据えよう（意識して、毎日）。

お客さんの苦情をむさぼり食おう。お客さんの苦情ほど、栄養になるもの、自分の血となり肉となるものはない。

あなたは、お客さんを「約束の地」に導かなければならないが、同時にまた、お客さんの身になって考えなければならない。

お客さんの手を無理やり引っ張っていくだけなら、親身になってお客さんの話を聞くだけなら、それほど難しいことではない。このふたつを同時に、水際立ってやらなくちゃいけないから大変なのだ。

お客さんへの思いやりがないのなら、困っているお客さんを命がけで助けようと思わないなら、ブランドになろうなどと思わないほうがいい。あなたも私も、人助けのプロなのだ。その意味で、私たちは全員が救急隊員だ。

私は、自分の技量や能力にはいささか自信をもっているが、お客さんと気持ちが通じなければ、そんなものが一体なんになる!

心のつながり!

(私は、お客さんをコテンパンにやっつけて生計を立てている。ときには、お客さんの尻を叩く。皮が破れて血が出るほど、いや、骨が折れるほど……。そんな乱暴をはたらいて、どうしてお金をもらえるのかというと、お客さんのことを思っているからだ。あなたが、お客さんのことを思っていないなら、お客さんのために涙を流すことがないのなら、あなたはこの本を読むに値しない人間だ。悪いけど……)

ブランド人は、お客さんの話をよく聞く。

ブランド人は、お客さんをいたわる。

ブランド人は、お客さんを助ける。

ブランド人は、お客さんと苦楽をともにする。

1. こいつは難しい。ほかの四九項目に負けず劣らず難しい。

お客さんは「まるでわかっちゃいない」と言うのなら、あなたは一体どれだけわかっていると言うのか。世に受け入れられない孤高の天才？ 笑わせるぜ。そんな天才の行く末は目に見えている（私はそんな哀れな末路を数えきれないほど見てきた。自分だけが正しいと思っている輩は、いっときは先頭に立っても、長い人生のレースでかならず脱落する）。

プロのサービスは、ひとの悩みを聞き、ひとを助け、苦しみを分かち合うのが商売だ。私たちはみんな、特殊技能をもっている（そうでなきゃ、そもそも技能を磨く必要はない）。しかし、人間らしい心をもたなければ、お客さんと心が通い合わなければ、どんな特殊技能も児戯《じぎ》に劣る。このことを考えてみよう。親しい同僚と話し合ってみよう。冗談ではなく、ここが、ブランド人になれるかどうかの境目なのだ。

2. お客さんと一人ひとり、じっくり〝膝をまじえて〟話し合ってみよう。どんな細い糸でもいい。お客さんの心と自分の心を結ぶ糸がみえるかどうか……。

私はみなさんを導きたい。みなさんを挑発したい。しかし同時にまた、この正気とは思えぬ激変の時代に、「心を支え合う」みなさんのパートナーになりたいと願っている。

3. 〝膝をまじえた〟話し合いを、お客さんとの共同作業プロセスの第一歩とし、お客さんの気持ちがいつも「よくわかる」ように、その話し合いを継続し、恒例化しよう（会わない人、話もしない人の気持ちが「よくわかる」わけはない）。

4. 共感をもって人の話を聞く訓練を考えてみよう（臨床心理学の講習を受けることを考えてもいい）。

5. 信頼について考えてみよう（ブランドとは、すなわち信頼のことだ）。お互いどこまで信頼しているか、お客さんと話し合ってみよう。気まずくなるかもしれないが、やってみる価値はある。どこまで行っても心がすれ違ったままなら、それは、お客さんが悪いのか、それとも（まさか）あなたが悪いのか……。

どういうときに信頼関係が壊れるか（相手に不信感をもたれるか）考えてみよう。いますぐ。信頼の構築にはどういう訓練が必要か、考えてみよう。

21 極めれば、唖然

あなたの得意技は、ひとを唖然《あぜん》とさせるものでなければならない。

非凡な技、ゼニが取れる技がなければ、ブランド人にはなれない。

モートンの食卓塩でも、サランラップでも、レディ・センサーでも、有名ブランド品をみれば、なるほどと合点がいくはずだ。ほかとは断然違うもの、売れるもの、それがブランドだ。

あなたの得意技は何か。それは、お客さんに買ってもらうだけの価値があるか。

誰もがスーパースターになれるわけではない。普通の人は、マグワイアのようなホームランは打てないし、中田英寿のようなパスは出せない。しかし人間だれしも、自分にしかできないことがあるはずだ。自分なりのやり方でお客さんに喜んでもらうこと、社会に役立つことができるはずだ。少なくとも、そうありたいと願うことはできるはずだ。

ブランド人＝売れる人、非凡な人

自分の技ははたして「売り物」になるか。はたして「非凡」といえるか。そう毎日、自分に問いかけてみよう。朝、目がさめるたびに。会議があるたびに。何か仕事に取り組むたびに。これは避けては通れない道であり、逃げ道もない。基本的な前提を思い出してほしい。いまのホワイトカラーの仕事の九〇パーセント以上は、今後一〇年以内に姿を消す（あるいはまったく姿を変える）。

これは、お遊びではない。まさに生存をかけた戦いなのだ。だから、自分自身を、自分の技量・才能・潜在能力をしずかに見つめなおしてほしい。人はだれしも、ふだん自分が思っている以上の力をもっているはずだ。

あれもこれもと欲張ってはいけない。「これなら自分にもなんとかやれそうだ」あるいは「自分にはこれしかない」と思えるものをひとつ選ぼう。選んだら、さっそくエンジンをかけよう。きょうからさっそく、自分の「非凡な」技に磨きをかけよう。自分の「売り物」を、公言し、宣伝しよう。

1. 自分は人とどこがどう違うのか。その違うところに、いったいどういう価値があるのか。考えてみよう。はっきりと答えが出るまで。

2. 「売り物」「非凡」という言葉をじっくり考えてみよう。そして、自問してみよう。人の受け売りばかりしていないか。自分の意見をはっきりと言えるか。夢をもっているか。お客さんにゼッタイ喜んでもらえるものを持っているか。もし答えがノーなら、仕事のやり方をどう変えればいいのか、仕事の重点をどう移せばいいのか、考えてみよう。

3. あいつは「できる」とか「使える」とかいう評判だけで満足してはいけない。明日を勝ち抜くには、何か「大切なこと」を成し遂げて、有名にならなければならない。「大切なこと」とは何か、考えてみよう。同僚と話し合ってみよう。

22 コミュニティーづくり

個人がブランドになる世界は、もちろん個人の力がものをいうが、それは一匹狼の世界ではない。

個人ブランドを目指すのは、チームスポーツなのだ！

あなたがこれから手にする成功の大きさは、あなたがつくる世界の大きさに比例する。アドレス帳や名刺ホルダーの間口と奥行きを真剣に考えてみよう。

「自分の世界」をつくる。それは会社の中にいてもできる（マッキンゼーに入社した頃、上司から「おまえのマッキンゼーをつくれ」と言われ、私は目から鱗《うろこ》が落ちる思いがした）。

そして、あなたが当分会社に残ることを決めたとしても、会社という枠組みをはるかに超えて「あなたの世界」を広げていくことはできる。

私の場合。たとえば、カバンをなくしたとしよう。痛い。だけど、そうたいしたことじゃない。財布を落としたとしよう。痛い、泣きたい。だけど、そうたいしたことじゃない。この原稿をなくしたとしよう。痛恨の極み。大問題である。だけど、死にたいとは思わない。しかし、名刺ホルダーをなくしたら（私の場合、ローロデックスを使っているが）、目の前が真っ暗になる。死にたくなる。

ブランド人になろうと思うなら、ゆめ忘れてはいけないこと――

- コミュニティー
- コミュニティーの管理と運営
- コミュニティーの維持（メンテナンス）
- コミュニティーの育成
- コミュニティーの組織化
- コミュニティー・メンバーへの関心
- コミュニティー・メンバーへの思いやり
- コミュニティー・メンバーとの助け合い
- コミュニティー・メンバーとの学習

✪ コミュニティー・メンバーの激励

✪ コミュニティー・メンバーから得る信頼

繰り返して言うが、個人がブランドだということは、その人が「会社」だということだ。会社なら当然、いろいろな取引先や顧客がいるはずだ。会社の名刺ホルダーは、あなたがその気になれば、あなたの人生を変える。会社（すなわちあなた）は、有機体であり、生態系である。成長もすれば、飢えもする。

有機体であり、生態系であるなら、当然、栄養を与えなければいけないし、水も撒《ま》かなければいけない。

ネットワークづくりの天才に、その秘訣を聞くと、「名刺ホルダー意識を高めることだ」という答えが返ってきた。

1. 名刺ホルダーはクズ入れではない（クズが混じっていても……）。まずは整理整頓から

はじめよう。パソコンを使うのもいいが、ソフトは注意して選ぼう。

2. 単純にして、細大漏らさぬ名刺管理システムを考えだそう。いいか、システムだぞ、システム！　まずは名刺を分類する。分類したら、名刺一枚一枚の余白や裏に、その人に関するすべての情報（仕事のことでも私生活のことでも）と、最後に連絡を取った日付（電子メールでも手紙でも電話でも）を書き込んでおく。

3. 名刺ホルダーを丹念に見直す。少なくとも、月に一回は見直す。どれだけ大切な人か（いまは大切でなくても、将来はどうか）を考えながら、名刺一枚一枚に点数をつける。「無視するに限る」が一点、「この人なしでは生きていけない」が一〇点。

4. 名刺ホルダーと予定表を意識して結びつけよう。すべての朝食、すべての昼食が、名刺ホルダー拡充の機会だと考えよう。計算ずくで人と付き合うのは気が進まないって？　ぼんやり一人でメシを食っていては、あなたのコミュニティー（ビジネスのコミュニティー）は広がっていかない。名刺ホルダーの中に、汲《く》めども尽きぬ資源があり、将来の大切なお客さんが埋もれていて、そして、あなたの人生がある。このことを真剣に、計画的に考えてみよう（そして、もらったものは倍返しする気持ちを忘れずに……）。

5. 名刺ホルダーのコミュニティーを毎日、きちんと管理・運営しよう。一日の始めと終わりに少し時間を取って、コミュニティーづくりの進行状況をチェックしよう。

6. 現状に満足してはいけない。名刺ホルダーのコミュニティーは成長しなければならない。週に最低一回は、新しい人といっしょに食事をすることにしよう。

7. 剪定しよう。このコミュニティーは、管理可能な規模でなければならない。無礼はいけない。出演時間の配分には神経を使おう（しつこく繰り返すが、時間ほど大切なものはない）。

8. 名刺ホルダーのコミュニティーを、意識して、慈しみ育てよう。いろいろな人たちと、連絡を絶やさないことが大切だ。

スタンフォード大学の恩師（ジーン・ウェッブ）から教わって、私が実践しているものをひとつ紹介しよう。私はしびれるものに出くわしたら、それが何であれ、感動が色あせないうちに、感動を共有できそうな人を何人か選び、その「しびれもの」を送るようにしている。私がなぜしびれたのか、簡単なメモを添えて……。

9. ことあるごとに、名刺ホルダーのこと、コミュニティーのことを思い出そう。あなたをブランドに育ててくれるもの、それはすべて名刺ホルダーの中にある。

22a 新しい時代の新しい忠誠心

OBの一人として、私はマッキンゼーになんの愛着も持っていない。ただ、私のマッキンゼーにはいまなお深い愛着がある。私がかつて愛し、いまも愛している人、かつて尊敬し、いまも尊敬している人、すなわち私のコミュニティーにいる人たちとは、マッキンゼーをやめてから一八年たったいまも、昔と変わることなくお付き合いしている。

多くの人が嘆くように「忠誠心がすたれた」わけではない。少なくとも私はそうみている。GEやGMやマッキンゼーに対する忠誠心は薄れている（いいことだ。私は会社奴隷になりたいと思ったこと、大企業を崇拝したことは一度もない）。その一方で、名刺ホルダーやネットワークやコミュニティーに対する忠誠心は強まっている（賢いブランド人なら、何に忠誠を誓うべきかを知っている）。

これは、素粒子物理学者のあいだでは今にはじまったことではない。たとえば、素粒子を研究するAという学者がいたとしよう。Aはシカゴ大学に勤めているが、Aのコミュニティーは、まぎれもなく素粒子物理学の世界にある。その世界は、組織の壁とも国境とも関係がない。言語学者のあいだでも事情は同じだろう（いや、ほかのどんな分野でも……）。

なぜ？　そのコミュニティーにいる人たちが、あなたを助け、あなたをけしかけ、あなたを励まし、あなたを刺激してくれるからだ。あなたが何か問題を抱えたとき、そばにいてくれるのは、あるいは駆け寄ってくれるのはその人たちだ。その人たちはたとえあなたの問題を解決する術をもっていなくても、あなたの力になれる人をコミュニティーの中から探してくれる。その人たちは、あなたの好奇心を刺激し、あなたの確信を深め、あなたを奮い立たせてくれる。それは、あなたと心がつながっている人たちだ。

新しい忠誠の絆は強い。それは、会社に対する忠誠ではなく、同業者やコミュニティーに対する忠誠だ。そこが今までとは違うところだ（大きく違うところだ）。

1. 自分の名刺ホルダー／ネットワーク／コミュニティーを大切にしよう。

自分のコミュニティーを、いつも大切に育てているか？　同じコミュニティーにいる仲間が困ったとき、いつも助けに駆けつけているか？　その人たちの幸せを、いつも願い、絶えず確かめているか？　これからは新しいゲームをやる。「自分＝会社」ゲームである（たとえ、雇われ人生活を続ける決心をしたとしても）。それが、究極の忠誠心ゲームである。そのことを考えてみよう。考えたら、さっそく行動に移そう。そして、毎日毎日、意識して、それを継続しよう。

2. 名刺ホルダーへの忠誠心とは何か、その意味を考えてみよう。いつものように、同僚と話し合ってみよう。忠誠心について。新しい忠誠心について。毎日の仕事の中で、それをどう「操作」しているか。名刺ホルダーの中にいるファミリーに赤心の忠誠を示すために、毎日の儀式にどんなものを加えればいいか、一〇項目書き出してみよう。

23 ヘンな人と友だちになろう

「個人教授大学《パーソナル》」をつくるというおかしなことを最初に言いだしたのは、リーダーシップについて数々の著作があるウォーレン・ベニスだったように思う。マッキンゼーのときの同僚、アレン・パケットはそういう大学をつくる名人だった。たとえば、彼は本を読んで感動すると、その著者が住んでいるあたりに出張したときに、その著者に電話をかけて、夕食に招待する。そんなことを何年も続けていって、必要なときに助けを求められる「人材の宝庫」を築き上げてしまった。

いまは、おかしな時代だ。この点については、みなさん全員がうなずくだろう。だから、みなさんもおかしくならなければ、時代についていけない。自分がどこまでおかしくなれるかは、付き合っている人のおかしさで決まる。

みなさんのことはよく知らないが、私は毎日、自分の殻を破ろうと必死になっている。自分の知らないこと、自分が読んでいない本、自分とは違う人類に思える人、未知の世界に自分を引っ張り出してくれる人、自分の信念のいくつかを揺さぶってくれる人に出会うと、私はわけもなくコーフンする。

私が何よりも恐れているのは、澱《よど》んで腐ることだ。それを避ける方法はひとつしかない。私の頭を攪拌《かくはん》してくれるもの（すなわち変わり者）に、絶えずわが身をさらすしかない。

いつも同じ仲間と昼食をとり、いつも同じ顔ぶれの会議に出席し、いつも手慣れた仕事だけをやるのは実に楽だ。一方、自分とはまったく考え方の違う人と付き合い、自分の信念が揺らぐような発想にいつもわが身をさらすことは実にしんどい。

しかし、当たり前のことを繰り返すと（繰り返す必要があるものは、何度でも繰り返す）、いつも同じ人と付き合い、いつも同じ雑誌を読み、いつも同じ会議に出ているようでは、蛸壺《たこつぼ》の中で暮らしているのと変わらない。十年一日のごとく暮らしていれば、あなたのブランド力はいっこうに磨かれない。

蛸壺の中でじっとしていれば、目は見えなくなり、耳も聞こえなくなる。身体も頭脳も退化する。あなたの人生がどれだけ豊かになるか、どれだけ色彩に富むか、あなたがどれだけ変わり者になれるか、どれだけカッコよくなれるか、どれだけ時代についていけるかは、外界の刺激や衝撃をどこまで受けるかによって決まってくる。

1. 土曜日にしゃれたレストランに行き、なにかに感動したら、月曜日にそこのオーナーに電話をかけ、昼食に誘い、いろいろ話を聞いてみよう。

2. いつも読んでいる雑誌で、刺激的な記事を見つけたら、それを書いた人に電子メールで感想を伝えよう。それをきっかけに電子文通を始めよう。次はバーチャルでない世界で「お会いしたい」と言ってみよう。その人がどんな会合に顔を出しているかを聞き出し、自分もその会合に顔を出してみよう。

3. 思い立ったら吉日である。今後三か月以内にかならずひとつ、けったいな会合に足を運んでみよう（バーチャルな世界にひたるのは、イモがやることだ。「直接顔を合わすこと」がいまほど大切な時代はない）。え、そんなカネは会社が出してくれないって？ 馬鹿を言うな。自腹を切って行くのだ！

4. 名刺ホルダーに「変わり者セクション」を設け、つねに意識して、そのセクションの名刺を増やしていこう。

5. 次の言葉を口に出して言ってみよう。「自分がどこまでカッコよくなれるかは、付き合っている人たちのカッコよさで決まる」

24

デザイナーにあらずんば、ブランド人にあらず

デザインは大事だ。そして、あなたのライバルのほとんどは、このことをわかっていない。まったく、わかっちゃいない。

私はデザインのことばかり考えている。デザインに取り憑かれている。デザインを生きている。毎日……。

そして私は、みなさんにもそうなってほしいと切に願っている。私たちはみな、知らない人に会ったとき、ほとんどデザインで「自己紹介」しているからだ（たとえ自分ではそれに気づいていなくても……。ちなみに、私はつい最近までそれに気づいていなかった）。どこへ行こうと、私たちは「デザインの霊気」を発している。服装、ヘアスタイル、名刺、報告書の書式、プレゼンテーションのスタイルなどなど。

望もうと望むまいと、どこへ行ってもお天道様とデザインはついてまわるのだから、そしてそのデザインが、ブランド人になれるかどうか、ブランド人として成功するかどうかを大きく左右するのだから、自分のデザインと美しさと運命を自分の手でコントロールしたいと思わないほうがおかしい。

ひとめでわかる、おトク、刺激的、きれい、優雅、やさしい、誠実――その総体があなたというブランドだとすれば、それをどういうシンボルマークにデザインすればいいのか。デザインでライトアップしてはじめて、あなたのすばらしさは輝く。

困ったことに、私たちのほとんどがデザインのことを考えていない。この悲しむべき事態を、私は変えたいと思う。いま、ここで。

私は、あなたがピカソになれるとは思っていない（私は絶対になれない）。

しかし、誰でも、デザインを「気にかける」ぐらいのことはできるだろう。世間はいつも、あなたというブランドをデザインで判断しているという事実を、素直に受け入れるぐらいのことはできるだろう。

1. これは一人ではやらないほうがいい。打てば響くような相手が必要になる。信頼できる(気の合う)相棒と、デザイン次第で自分の印象がどう変わってくるか、話し合ってみよう。

2. 毎日、自己紹介するときに使っているデザイン「アイテム」を、少なくとも二五個書き出してみよう(二五個考えつくまで、この作業をやめてはいけない)。書き出したら、一つずつ点数をつけてみよう。

3. 何人かの仲間に声をかけ、近くに住むデザイナーを昼食か夕食に招待しよう。あるいは、報酬をきちんと用意して(そのお金は仲間で出し合って)、デザイン意識を高める半日セミナーを開いてくれるよう頼んでみよう。

4. デザインに目を開こう。デザイン雑誌をぱらぱらめくってみよう。デザイナーの目で、ウェブサイトをあちこち散歩してみよう(ウェブサイトはデザインの勝負である)。気がついたことをメモしてみよう(私はそれを八年間続けている。デザイン意識を高めるために)。

25 絶えず新しい品揃えを

カジュアルウエア・チェーンのGAPに品揃えがあるように、私にだって品揃えがある。もちろん、あなたにだってあるだろう。私はいつも、品揃えを増やそうと努力している。興味をそそられる新しい分野、コミュニケーションの新しい方法／スタイル／チャンネル、新しいパッケージング、新しい価値、などなど。

私は年にだいたい七五回のセミナーをこなし、それが私のメシの種になっている。セミナーではかならず三五ミリのスライドを使う。一回に使う二〇〇枚以上のスライドが、私のセミナーの「お値打ちもの」である。私はそのスライドの二五パーセントを、三か月ごとに更新するよう心がけている。だいたい一〇のテーマに分けてセミナーを進めることが多いが、そのうち一つは、六か月ごとに新しいテーマに切り換えるよう心がけている。

先日の「ミッドウエスト・ビューティー・ショー」でのこと。講演を終えると、美容院経営者がひとり私に近づいてきて、こう言った。「わたしは去年も、先生の講演をお聞きしましたが、きょうのお話は九〇パーセント、新しいものでしたね」。まさか、九〇パーセントも変わっているとは思わないが、私は天にも昇る思いだった。

ポイント

- ブランド人は商品を売る。
- その商品は、ひとめで違いがわかるもの、よそでは売っていないものでなければならない。
- さまざまな商品の集合体が品揃えであり、品揃えを増やしていかなければ、ブランドは成長しない。いや、成長しないどころか、退化する。成長か退化か、ふたつにひとつしかない。現状を維持しているつもりでも、実際は退化している。
- 品揃えを考えよう。
- それを増やすことを考えよう。
- 意識して、それに努めよう。

ウィリアム・ブリッジズが言った八つの帽子の一つが、商品開発だったことを思い出してほしい。商品開発なくして成長はありえない。そして、自分がブランドになるのなら、開発は自分でやるしかない。

ひとこと付け加えておくと、この作業に終わりはない。

1. お客さんの顔をはっきり思い浮かべながら、現在の手持ちの商品をリストアップしてみよう。それは一体どこがスペシャルなのか。自分がお客さんだったら、それにお金を出す気がするかどうか。商品ひとつひとつについて考えてみよう（親しい同僚といっしょに、そのリストをチェックしてみよう。自分の商品がほんとうに売れる商品かどうか、それを見極めることは、案外むずかしい）。

2. 今後半年以内に、そのリストにどんな新商品を加えるつもりなのか。具体的に二つ考えてみよう。

3. 自分に投資する時間をなんとか捻《ひね》り出そう。数時間ではお話にならない。月に何日か、年に何週間か、新商品開発にあてる時間を計画的にとっておこう。

あなたが会社だ（少なくとも心意気はそうだ）。成長企業は、意識して、将来に投資している。偉大なる会社は、血相を変えて、将来に投資している。あなたは？

26

虹の上を歩いていこう

スポーツキャスターのキース・オルバーマンはこう言っている。「よしよし、うまく行っている。このまま同じことを続けて、目先だけちょっと変えればいい。そんなことを考えていると、自分が自分のパロディになってしまう危険がある」

私は一年ぐらいまえにアイコン誌でこの言葉を読み、身体がふるえるほど感動した。まったくオルバーマンの言うとおりだ。

まえにも言ったように、私たちはつねに品揃えを増やしていく必要があるのだが、ただ増やせばいいというものではない。「目先だけちょっと変え……自分が自分のパロディになってしまう」罠《わな》にはまらぬよう、十分に注意する必要がある。

「この世の終わりが来るまで、宿題ぐらいは片づくかもしれない。しかし、大発明をしない限り、有名にはなれないし、財産は築けない」

——デービッド・オグルビー

大発明とは何か。広告の天才、オグルビーはこう言っている。

「初めて見たとき、言葉を失うもの」

呆然として言葉を失うことは、毎日は起こらない（ひょっとすると、一生起こらないかもしれない）。しかし、それを追求しているうちに、大いなる野望が育ち、イノベーションが生まれ、ある日突然ひらめくということはよくある。

1. おそろしく過激なことをやるには、どうすればいいか。自分たちはどこまで過激になれるか。お客さんと話し合ってみよう（できるだけ過激な言葉を使って……）。

2. 計画中のプロジェクトの中に、「言葉を失う」ようなアイデアがあるか。もしないなら、できるだけ変わり者を集めて「夢はでっかくセッション」を開いてみよう。夢を見るなら、でっかい夢に限る。思いっきり大風呂敷を広げよう。無茶苦茶なことを考えよう。

虹が切れるところに宝物があるという言い伝えがある。歩きだしてすぐに宝物にけつまずくことはまずないが、歩きださなければ何物にもぶつからない。さあ、虹の上を歩きはじめよう。

3. どでかい話、呆《あき》れるような話に、耳をふさがないようにしよう。自分ならどんなものを大発明だと思うか、紙に書き出してみよう。スペースシャトルか、絶対アドレスか、NATOか、ユーロか、栓抜き不要の瓶か……。一〇個書き出したら、それがなぜ大発明なのか、何がそのきっかけになったのか、考えてみよう。

27 鳥肌が立たないものなんて……

「古い経済では、計画を立て、それに従うというのがルールだった。新しい経済はまだ形が定まらず、いわば場外でプレーするため、これまでのルールは通用しない。とほうもない夢をもて……路線バスに乗らずにヒッチハイクしろ……なにものにも縛られるな……びっくりすることに心を開いておけ……あつかましくやれ」

――ハリエット・ルービン

古いホワイトカラーの世界は、崩れさろうとしている。急速に。この混乱を生き延びるには、思い切って勝負に出て、なにかで有名になるしかない。言うは易し、生きるは難し。二〇世紀後半の五〇年間、会社人間は塹壕《ざんごう》の中にしゃがみこみ、首をすくめていればよかったから……。

しかしこれからは、すっくと立ち上がり、誰からも見えるところに首を突き出し、大きな声をあげなければならない。さもないと、点呼からはずされる。

どんなに怖くても、足を踏み出さなければならない。さもないと、踏みにじられる。村の鍛冶屋は、あなたの曾《ひい》曾曾曾おじいさんは、二〇〇年も前にそのことがわかっていた。あなたも私もいま、そのことがわからないといけない。自分の足で立ち、自分の足で歩き（人間として、これほど誇らしいことがあるだろうか）、名をあげなければいけない。さもないと……これ以上言うのはよそう。

1. いま取り組んでいるプロジェクトに、自分のプロ生命を賭けてみたいと思うか。そんな危険を冒してもいいほど、胸が熱くなるものがあるか。考えてみよう。

2. いまのプロジェクトに「鳥肌だつ」ものがあるか。足がすくんでしまうような怖さがあるか。もしないなら、どうすればいいのか考えてみよう（もちろん、そんなプロジェクトはやめてしまうという選択肢もある。たとえ、みんなから白い目で見られても……)。

3. 仕事以外のことで、胆力を鍛えよう。たとえば、激流筏下《いかだくだ》りツアーに参加する。たとえば、高い山に登る。たとえば、エチオピア料理を食べに行く。要するに、冷や汗が快い汗に変わる瞬間を楽しめるものならなんでもいい。

28

あなたのステージを、みんなが見ている

「ストラヴィンスキーはこう書いている。上手な演奏もあり下手な演奏もあるが、問題は魂を奏でることだ。演奏が拍手喝采をあびるかどうか、それは自分の意のままにはならない。人間が意のままにできるのは、自分の意思だけだ。世間的に大成功するかどうか、それは自分の意のままにはならない。人間が意のままにできるのは、自分の意思だけだ。小手先でうまくやろう、見せよう、受けようと思えば、それほど苦しまずに美酒を味わえるかもしれない。心底真実と思うものに従い、自分の良心に従い、精神にムチ打ち、ひたすら純真を追い求めれば、深い絶望と孤独にさいなまれ、絶え間なく悩み苦しむことになる。それでもへこたれず、信念を貫き通せば、自分を鍛えてくれる〝劇場〟は、いつの日か、脳天を貫くような歓喜で私たちを包んでくれる」

――デイビッド・マメット

「死は、生きることをやめる多くの方法のひとつにすぎない」――アルバー・サイモン

サイモンは、たったひとりで、小さなボートひとつで、北極近くの氷海に閉じ込められ、越冬して生還した男だ。たしかに、死んでいなくても、生きていないヤツはたくさんいるよな。

「成果と活力は……新しいことに挑戦する勇気から生まれる。夢に取り憑かれた素人は、天才でなくとも、習い覚えた定跡から飛び出す。……私たちに多くの実りを与えてくれるのは、それまで誰も考えつかなかったとんでもないことを思いつく怖いもの知らずの素人である」――ダニエル・ブーアスティン（歴史家）

人間いたるところに青山あり。いたるところにステージあり。
会社は、あなたがすごいことをやる手段であって、その逆ではない。

ブランド人になろうと思えば、仕事はきつくなるだろうか。当たり前さ。会社のために働いていたときよりはるかにきつくなる。

人事部の、総務部の、経理部の中田英寿が誕生してなにが悪い。

あなたがいま立っているところ、そこがあなたのステージだ。さあ、力の限りを尽くして、ひとさし舞ってみろ。あなたのステージを、みんなが見ている。誰も見ていなくても、天が見ている。

1. 会社で過ごす一日は、自分の芸や技を思う存分発揮できるステージになっているか。なっていないなら、いま取り組んでいる仕事を、どうすれば命をかけて悔いない舞台に変えることができるか、考えてみよう。この問題は、あわてず、腰を据えて取りかかろう。まずは、友だちと話し合ってみよう。ここで問題にしているのは、あなたという存在であり、あなたの華のみせどころである。

「モノとサービスが違うほどに、体験と勤務《サービス》は別物である」

――ジョセフ・パイン、ジェームズ・ギルモア

『体験経済――仕事は劇場、すべてのビジネスが舞台』

2.

「それまで誰も考えつかなかったとんでもないこと」というダニエル・ブーアスティンの言葉を考えてみよう。それはあなたにとって、どんな意味を持つか。

あなたは最近、なにかとんでもないことを思いついたか。ところで……あなたはもう、とんでもないことを思いついているかもしれない（ヒント※ブランド人になるってことが、とんでもない思いつきかもしれない）。

29 上司の心得

管理職の方はぜひ、先の〈28〉を読み返していただきたい。

えらいこっちゃ。あいつらはみんなスターになろうとしている。ステージで脚光をあびようとしている。

これは会社に対する反乱だ！

そう、そのとおり。だから祝杯をあげよう。新ミレニアムの会社はそうでなきゃいけない。あなたの下で働くタレントたち（断じて労働者ではない）が、日々成長していく誇り高きアーティストになり、誰にもできないことをやってやるという意欲に燃え、もてる力をすべてステージで見せてくれれば、会社の業績がぐんぐん伸びて、みんなハッピーになれるからだ。

このことを考えてみよう。

あなたが管理職なら、

1. 変わっていく世の中について、ホワイトカラー革命について、サバイバルについて、独立について、目立つことについて、ステージについて、部下と話し合ってみよう。カッコいいことをやるために、自分たちの仕事を舞台芸術にするために、グループ討議をはじめよう。そこでの議論をベースに、自分が率いる部課の戦略を立ててみよう。

2. 独立した気概をもつよう、リスクを恐れないよう、ステージに立つよう、ブランドを目指すよう、部下を指導しているだろうか。たとえば昨日、一人でもいい、自分が目をかけている部下を、はっきりと、そう指導し激励したかどうか。考えてみよう（たとえば、社内の縄張り荒らし第一号となるプロジェクトを考えてみたらどうだろう。新しいことを学ぶため、カッコいい技能を身につけるために、二か月の長期休暇をとるよう、部下を説得してみたらどうだろう）。

30

アイデンティティーは「よそ行き」ではない

「ＢＭＷは、製品づくりと、すばらしい製品を生み出す環境づくりにひたむきに取り組んだだけではない。製品と消費者のコミュニケーションにも全力をあげた。だからこそ、明確な企業イメージを作り上げることができた」

――ウォリー・オリンズ『コーポレート・アイデンティティー』

個人であれ、企業であれ、ひとめで違いがわかるアイデンティティー、つねに身だしなみを忘れないアイデンティティーほど大切な資産はない。

アイデンティティーがＢＭＷの成功の秘訣だったのなら、あなたの場合もそうなるはずだ。アイデンティティーの確立に、ひたむきに努力すれば……。

オリンズはさらにこう書いている。「世界中で競合製品はますます似通ってくる。消費者がどの会社の製品を選ぶかを判断する際、会社のパーソナリティー、会社のアイデンティティーが最大の判断材料になる。そういう時代が来ることは避けられない」

これからブランド人を目指す段階で、すこし話が早過ぎると思われるかもしれない。しかし、私はなにも誇大妄想に取り憑かれることを薦めているわけではない。

私はただ、自分のアイデンティティーについて、じっくり考えてみようと言っているだけだ。

芸《アート》の世界を見てみよう。カルバン・クラインやジョルジオ・アルマーニなどのファッション・デザイナーは、目先のシーズンよりはるか先をにらみ、すたれることのないアイデンティティーづくりを目指している。偉大なる女優、偉大なるシェフ、偉大なる建築家もそうだ。

私が付き合っているグラフィック・デザイナーやプロダクト・デザイナーはすべて、誇大妄想に取り憑かれることなく、見た目やスタイルに強いこだわりをもっている。

私が尊敬する友人に、有名なグラフィック・デザイナーがいる。彼は、相手が超有名人であろうと、無名の新入社員であろうと、相手が何万人であろうと、たった二人であろうと、場所が大企業の大会議室であろうと、さびれた離島の小さな納屋であろうと、プレゼンテーションのスタイルを絶対に変えることがない（私は実際にそれを目にしている）。
つまり、彼はアイデンティティーのスイッチを切ったり入れたりはしない。
アイデンティティーと彼は、ぴったりと重なる。いつも、陰日向《かげひなた》なく。

1. アイデンティティーとは、いったいどういう意味か。これは大切なことだ。大切なことには、真剣に取り組んだほうがいい。私は自分がやったことを、みなさんにもお薦めしたい。それは、勉強だ。志を同じくする友と「アイデンティティー勉強会」を開いてみるのはどうだろう。

2. アイデンティティーを構成する要素を一五以上書き出してみよう。書き出したら、各項目をじっくりながめながら、自分の日頃の言動になにか問題がないか、考えてみよう。

3. アイデンティティーやブランドの確立を専門にしているコンサルティング会社から、気さくな（あるいは気取った）アドバイザーを招き、この問題に関心のある同僚を集めて、話を聞いてみよう。そして、アドバイスしてもらおう。

31 ブランドは信頼のマーク

私の同僚のジム・キューゼスとそのパートナーのバリー・ポズナーは、リーダーシップについて一〇年におよぶ調査を行い、その結果を一冊の本にまとめた。そのタイトルは、ただ一語『信頼性』。リーダーにいちばん欠かせないものは信頼性だというのである。ブランドについても、まったく同じことが言える。

巷には、社会の安定が崩れたことを嘆く声が多いが、私はまったく嘆く気にはなれない。ディルバートのマンガに出てくるような会社奴隷に支えられた古い社会などに、私は、なんの愛着もない。私は「新世界秩序」を歓迎する。抱きしめたいほどに……。その新しい世界では、私たちは、再び、自分の人生には自分で責任をもつことになる。成功しても失敗しても……。

それゆえ、独立独歩の新時代には、次のことが公理になる。

輝けるブランドになるには、絶対に、信頼される人間にならなければならない。

ブランド人が口にした約束は、証書も同じ。ブランド人はあてにされるからこそ、ブランドなのである。カッコいいと思わないか。

私はセミナーのために世界中をかけまわっている。ヨハネスブルク、ワルシャワ、オーランド、オークランド、シンシナティ（いま、シンシナティに向かう飛行機の中で、これを書いている）。雪が降ろうが、槍が降ろうが、豚が降ろうが、私は行かなくちゃいけない。行かなくちゃ、約束した時間に行かなくちゃ、約束した場所に行かなくちゃ……。お客さんの信頼を裏切ったら、私はもうオシマイだ。

どんな障害が起ころうと、なにがなんでも、約束を守らなければいけない。言い訳はいっさい許されない（約束した時間に遅れたり、頼まれた仕事を忘れるようなら、ブランドになるどころか、クズになる）。

あの人に頼めば絶対に大丈夫——そう言われる人が、ブランド人である。

1. きびしく自分を問い詰めてみよう。自分は信頼を発散しているか。自分の言葉には信頼の香りがするか、自分の身体から信頼が匂いたつか。じっくり考えてみよう。

2. これはいささか奇異に聞こえるかもしれないが、信頼はきちんと「管理」すべきものである。この二四時間、「信頼できるイメージ」を高めるために、何をやったか、具体的に書き出してみよう。

3. 信頼増強計画を立てることは、お薦めしない（そいつはちょっとクサすぎる）。私がお薦めしたいのは、毎日（あるいは毎週）、自分の行動を「監査」することだ。

ほんのちょっとした発言や振る舞いで、せっかく築き上げた信頼があっけなく崩れてしまうこともあれば、逆に、それまでの不信感がウソのように消えてしまうこともある。このことを頭において、最近の自分の言動を振り返ってみよう。

4. 本当のことを言おう。ウソばかりついている人は信頼されない。

当たり前のことを言うなと、お叱りを受けるかもしれないが、どうしてどうして、当たり前のことなら私は何も言わない。ためしに、みなさんの会社の中を見渡してほしい。自分の良心にかけて本当のことを言う人は、とっくの昔に絶滅しているか、生き残っているとすれば天然記念物になっているはずだ。だから、つねに真実を語ることは「競争上の優位」になる（それになにより、鏡を見たときに、目をそらさないで済む）。

32

たかが名刺、されど名刺

なにごとも出会いが肝心。そして、出会いというのはたいてい、名刺から始まる。

名刺は、よくも悪くも、驚くほど、多くのことを語る。すばらしい名刺は、信頼できる人間であること、そして、すごい人間であることを、同時に伝える（私たちはみな、それを伝えたいと思っているはずだ）。

この本で取り上げることができるのは、わずか五〇項目だ〈22ａ〉などと、苦しい小細工もしているけれど）。その大事な一項目を、なぜ、名刺などという小事に費やすのか。

大事なものは、やっぱり大事だからだ。

名刺は大事だ。

名刺はあなたのしるしである。

あなたの正体を最初に明かすもの、たいていの場合、それは名刺である。名刺は、相手の心を動かすか、動かさないか、そのどっちかしかない。

私は数年前、ある女性を雇ったが、採用の決め手になったのは、彼女の名刺だった。いや、それはちょっと言い過ぎかな。その人を雇ったのは、その人がカッコよかったからだ。しかし、最初にこの人は違うと私に思わせたものは、名刺だった。二〇〇名を超える応募者がいた中で、彼女の名刺は断然ひかっていた。私はその名刺をひとめ見ただけで、その人の履歴書を「一次選考パス」の箱に入れた。

名刺の威力、おそるべし。

BMWやナイキやアップルにとって名刺が大切なのと同じくらい、あなたにとって名刺は大切だ。いや、たぶん、もっと大切だろう。あなたが名もなき群から手っとり早く目立つ方法はそうたくさんあるわけではない。名刺は、その数少ない方法のひとつなのだから。

1. この項をもう一度読み返してみよう。あなたが会社勤めをしていても、していなくて

も、名刺にはもっと神経を使おう。

2. 名刺について勉強してみよう。

3. 自分の名刺は、自分が望んでいるブランド・イメージをみごとに表現していると、自信をもって言い切れるか。すぐに答えを出さず、ゆっくり考えてみよう。

4. 名刺にお金をかけよう。ブランドになるために、これ以上大切な投資はないと言ってもいい。

5. たかが名刺に、あなたという人間が、あなたのすばらしさが、正確に刻まれているか。自分の名刺をじっと見つめてみよう。

33 インターネットで何をやる？

いまホームページをもっていないなら、さっそくつくってみよう。凝《こ》ったものをつくる必要はない。ただホームページをもつだけで、絶大な効果がある（コミュニティーをつくるために、アイデンティティーを確立するために、お客さんを呼び込むために……）。そして、自分は時代後れの人間ではないこと、少なくとも化石ではないということを、世間に広く伝えることができる。

インターネットはあなたの友。たぶん、最良の友。

インターネットはあなたを差別しない。競争のフィールドをならしてくれる。小さくてすばしっこいヤツが、のろまな巨象を打ち倒すチャンスを与えてくれる。

インターネットのすばらしさは、使ってみればかならず実感できる。それは私たちのライフスタイルを根底から変えてしまう。この魔法の杖《つえ》を使わない手はない。

存分に活用すれば、おもしろいことがいろいろできる。世界に向けて、情報やアイデアを発信できる。なにか話し合いたいことがあったら、場所や時間に制約されず、仲間が集まって、おしゃべりできる。ホームページの開設は、切符のようなものだと思えばいい。まず切符を手にして中に入らなければ、なにごとも始まらない。

ホームページをただ開いておくだけでも、それは立派な看板になる。世界中の人が目を通す（可能性がある）ファイルに、自分に関するささやかな情報を載せることができる。自分もゲームに参加していることを、多くの人に伝えることができる。

何かをやったほうがいいのだが、どうしてもおもしろいと思えないなら、そうムキになってやる必要はない。ネット遊びは消耗を強いられるし、あなたのエネルギーをもっと有効に使える道がほかにあるかもしれないからだ。その場合は、ネット大好き人間をアルバイトで雇ってみたらどうだろう。

ぶりっこはやめることだ。俺はイモじゃないんだぞというリキみが透けて見えるイモサイトほど、哀れをさそうものはない（見るに忍びないとはこのことだ）。

〈4a〉で紹介した私たちのアイコンを思い出してほしい。そのモデルとしてイメージした人なら、こんなふうに生きる。

・職探しをするとき、ホームページに履歴書を公開する。
・すると、数社から引き合いが来る。
・電子メールで交渉を行う。
・インターネットで採用が決まる。
・インターネットで研修を受ける。
・インターネットでプロジェクトを企画し、実行する。
・インターネットでプロジェクトを管理し、顧客をフォローアップする。
・インターネットでキャリアを積み、評判を築いていく。

そう、なんでもかんでも、インターネットでやるのだ。

1. 手始めに、ネットサーフィンを楽しもう。毎日。習うより慣れろだ。いろいろなサイト

を訪れ、あれこれ批評してみよう。おもしろいサイト、つまらないサイト、玉石混交の中をさまよいながら、全体像をつかもう。それから、こまかいことにこだわってみよう。

2. 簡単に自己紹介するだけの、あっさり系ホームページを真面目に検討してみよう。開設しなくてもいいから、考えるだけは考えてみよう。それは単なる出発ではなく、大いなる出発になる。やってみよう、いますぐ（たとえ、いまは雇われの身であっても。出発それ自体が、ブランド行きの切符になる）。

3. インターネットにぞっこん惚れ込んだら、とてつもないことを考えてみよう。インターネットは自分のために作られたと考えてみよう。ステキなサイトをつくって……そこにはステキな人たちがたくさん集まってきて……ステキなおしゃべりをして……それはすべて夢ではない。とりあえず遊びでやってみたいだけだとしても、ネットかぶれを探してきて、どうすればいいか相談してみよう（お金は問題ではない。問題は、意欲と時間だ）。

4. 自分をブランドにし、自分の腕を売り込むインターネット戦略を考えてみよう。新ミレニアムの時代では、これはそう大変なことではない。ありがたいことに、あなたを助けてくれる仲間や専門家にオンラインで「出会える」のだから（こりゃたまらん）。

34

話術は大切なブランド術

自分が活動する地域で、しっかりした評判を得ることは、ブランド人になるために欠かせない。だから、あらゆる機会をとらえて、自分のストーリーを話すようにしよう。大勢とはいわないまでも、小勢の人たちと口でコミュニケーションを図る技術を磨こう。なにも演説の名手になる必要はないが、人前に出たら口がきけないようでは困る。話術を磨くためのクラブ、トーストマスターズ［スピーチを養成する目的で一九四二年にアメリカで設立された非営利団体。各国に多くの支部がある］への入会を是非お薦めしたい。ジョン・フィッツジェラルド・ケネディやロナルド・ウィルソン・レーガンのようにならなくてもいいが、ブランドの世界とは……セールスの世界なのである。

自分を売り込まずして、どうしてブランドになれる。

大勢の人の前に出たら、誰だってあがる。まずは、その恐怖を取り除くことだ。そのための方法はいろいろある。私はトーストマスターズの大ファンだ。教えることが紋切り型の嫌いもあるが、学べることは多い。トーストマスターズは自助努力のすばらしい組織で、これまでに何十万という人たちが、このクラブで「自分を売り込む術」をマスターしてきた。

断っておくが、私はトーストマスターズとなんの関係もない。それに、トーストマスターズに入会しなくても、話術を磨く方法はいろいろある。私が言いたいのはこういうことだ。「偉大なコミュニケーター」になる必要はない。しかし、ブランド人の新世界では、自分を売り込む技術が昔ほど重要ではなくなる、なんてことは絶対にありえない（沈黙が金だというのなら、話がうまくなることは金以上に価値がある）。

スピーチ上達への道

1. トーストマスターズに入会する。
2. 右の一行をもう一度読む。
3. 練習する。
4. 練習する。人が集まるところならどこでもいい。なにか口実を見つけて、短いスピーチをしてみる。

5. ボランティア活動を訓練の場に利用する。募金集めのリーダーになるのもいいし、PTAの役員になるのもいい。
6. 人前に出て緊張するのは当たり前である。私だって緊張する（いまでも）。
7. 心にもないことを言うな。熱意と誠実さと思いやり――どんなテーマでも、聴き手に売り込むことはその三つだと思っていい。
8. 話の的をしぼる。
9. 話の的をしぼる。
10. 話したいことを整理する。5×7インチ（3×5インチならもっといい）のカードに、要点を箇条書きしてみる。要点は多くても五つまでにおさえる。
11. 妻や夫、親友、子供、タクシーの運転手、犬や猫を相手に、スピーチの練習をする。
12. スピーチ原稿を暗記するな。原稿を棒読みするな。
13. 冗談はやめたほうがいい。
14. 世の中の動きに合わせる。最近のニュースに結びつけて話す。
15. 説明に図表が必要になるときは、ひとめで理解できるスッキリしたものを作る。せっかく買った〈パワーポイント〉を使わないのは損だと思い、極彩色のグラフをごてごて用意するのは百害あって一利なし（私がそういう苦い経験をしている）。

16. ポイントを繰り返す。要点を四つか五つに整理し、要点一つについて、一〇の角度から話をする。

17. ストーリーを話す。説得力がある人はみな、ストーリーテリングがうまい。

18. 大統領の一般教書演説を注意して聞いてみよう。歴史を変えた人物やいま話題の人を、うまく引き合いに出しているのがわかるだろう。これを真似しない手はない。誰の名前を出したら、誰のエピソードを織り込んだら、自分の話に説得力が増し、光彩が加わるか、考えてみよう。

19. 自分のストーリーを、共感を呼べるストーリーに仕立ててあげよう。聴き手が現実に生きている人間であることを忘れるな。

20. 要点をきちんと整理した資料を配付するのが効果的。

21. 自意識過剰になってはいけない。話をするのは、友だちをつくるため、人の心を動かすためであって、敵をつくるため、自分の頭のよさを見せつけるためではない。

22. 絶対に、何があっても絶対に、聴衆を馬鹿にしてはいけない。心から敬意を払うことだ。自分の話を聞いてくれるのはすべて、尊敬すべき人たちである。

23. 自分のためになることではなく、聴き手のためになることを言う。

24. 視線を泳がせてはいけない。一人としっかり目を合わせてから、次の一人に移る（私は聴衆が何千人いようと、そうしている）。大勢という人間はいない。みんな、一人ひとりの人間である。

25. 話しながら目でサポーターを探そう。かならずいるはずだ。聴衆が一人うなずくのを見ただけで、気持ちが落ちつく（これは小さなことではない）。

26. スピーチの教科書に書いてあることなど、大半は忘れていい。開口一番、聴衆の心をつかむ必要はない。絶妙のオチで、大向こうを唸《うな》らせる必要もない。何が何でも伝えたいと思うこと、四点か五点を、時間内にきちんと話せればそれでいい。

27. チャンスはかならずまためぐってくる。これが一回限りのチャンスだとは思わないことだ。もうあとはないと思うと、九四パーセントは失敗する。

28. 謙虚さを失わないことだ。ふんぞりかえった自慢話ほど聞き苦しいものはない。

1. 自分を売り込む技術を自己採点してみよう。必要以上に辛い点をつける必要はないが、自分を偽ってはいけない。

2. 合格点がつかなかったら——私たちの九五パーセント（いや九九パーセント？）がそうなると思う——ブランド人になるための大きな課題に取り組むため、いますぐ何ができるかを考えてみよう（大きな課題は大きなチャンスである）。

3. トーストマスターズでなくてもいいから、なにかスピーチの講習を受けることを考えてみよう（これはお遊びではない。生存をかけた戦いである。違うか？）。

4. これは、じっくり時間をかけるだけの価値がある。自分を売り込む技術は、ブランド大学の選択科目ではない。最重要の必修科目である。ブランド人になるとは、臆せずステージに上がり、脚光をあびることだ。私はみなさんに、できないことをやれと言うつもりはない。やればできると信じてほしいと、お願いしているだけだ。稽古をはじめる気になってほしい。どんな名人も、最初は初心者だった。自分を表現することは、人間として大切な仕事だから、ひたむきに稽古するだけの価値がある。

5. 近くの劇団から俳優を招き、仲間を集めて「お弁当食べながらセッション」を開いてみよう。自己表現術について話を聞き、どういう稽古をすれば上達できるか相談してみよう。

35

気持ちが暗くなったら勝てない

「私は恥知らずの熱狂のディスペンサー」
——ベンジャミン・ザンダー（ボストン・フィルの指揮者）

「もうダメだと思ったら、頂上までたどりつけない。（だから、深刻に考えるより）おもしろがったほうがいい」 ——スコット・フィッシャー（エベレスト登攀に向かう前に）

俺はそれほど脳天気じゃないって？　それはそれでいい（私だってそうだ）。

それでも、トニー・ロビンズのアドバイスを聞いて、鏡の前で笑顔をつくる練習をしたほうがいい（仏教徒は、ロビンズよりもはるか前に、同じことを言っていた。笑顔をつくるだけで心がやすらぐ、と）。これは事実だ。笑顔は人の心を明るくする。人に力を与える。笑顔は笑顔を呼び、その笑顔はまた笑顔を呼び……笑顔の輪はどこまでも広がっていく。

こんなことを言うのは恥ずかしいのだが、何を隠そう、私はかなりネクラなのだ。だから、抗鬱剤を手放せない（ハイな気分になるためでなく、憂鬱な気分を追い払うために）。

だから私は、笑顔さえつくればハッピーになれるなどと言うつもりはない。断じて。

自分が学んだことをお話ししたいだけだ。明るさと自信を発散する人は、まわりの人を明るくし、まわりの人に自信を回復させる。私はそのことを学んだ。

奇跡は必要ない（私に奇跡は起こせない）。私はただ、いつも自分を元気づけているだけだ。たとえば、鏡の前で笑顔をつくる練習をする。たとえば、セミナーの午後の部に入るときは、新しいシャツに着替える。

私は、毎日、エアロビクスをやる（いまのところ二七八日も続いている）。ホテル暮らしをするときは、朝早く、太陽の光をあびる（太陽が出ていなくても、外に出る）。たとえ一〇分でも五分でも、外の空気を吸う。昼間は、一五分休みをとって（どんなに忙しいときでも三分はとって）、ストレッチ体操をやる。さらに、ごくごく簡単な瞑想の呼吸法を練習する。

これは奇跡のコースではない。言い古された言葉で恐縮だが、プラス思考で行動しなければ、ブランド人への道は開けない。気持ちを明るくするだけで、いいことがある。そして、気持ちは自分で明るくできる。現に私はそうしている。人はだれしも、心のどこかに陰をもち、悩みを抱え、重荷を背負って生きている。問題は、それをどうコントロールするかだ。人はだれしも、希望と才能と元気を神さまから授かっている。問題は、それをどう引き出すかだ。

1. ブランド人には、笑顔がよく似合う。ブランド人は、よく笑う。だから、笑顔をつくる練習をして、笑顔を自分の競争力にしよう（現実に笑顔は競争力になっている）。
2. ちょっとした努力をしてみよう（大変な努力が必要だと言うのなら、大変な努力をしてみよう。これは大事なことなんだから）。たとえば、あれこれ本を読んでみよう。たとえば、瞑想教室に通ってみよう。これは、問題点を点検する時間、新しいものにめぐりあえるチャンスだと思えばいい。実際やってみると、どこに問題があったのかがわかるし、そ

こから新しい道が開けることがよくある。速足で散歩したり、独り暮らしの叔母さんに電話をかけたり、ドリンク剤を飲んだり、マッサージチェアで肩の凝りをほぐしたり、裸足で歩き回ったり、いろいろ試してみよう。抜群の効果があると人に薦められても、自分には合わないものもある。要は、自分にいちばん合うもの、自分がいちばん元気になる方法を見つけ、それを毎日続けることだ。

3. 「明るさ」について、親しい同僚と話し合ってみよう。「ネクラを救う会」を結成してみよう。そして、言いにくいことをあえて言うが、自分の暗さが病的だと思ったら、お医者さんに行くことも考えてみよう。落ち込んだときに自尊心を取り戻すこと、それ以上に緊急重要なプロジェクトはない。

36 リニューアル！

「私はいつも、自分のレコードを買ってくれた人たちの購買理由そのものを意図的に叩き壊そうと努力している。それを壊すたびに、生き返った思いがする。自分がまえにやったことを壊せば、なにものにも縛られず生きていける」

——ニール・ヤング

リニューアル、つねに忘れてはいけない仕事、リニューアル！

3MでもP&Gでも、発展している会社はみんな、研究開発を怠らない。あなた＝会社であり、あなた＝ブランドだ。あなたはいま、自分なりに最高と思う会社を目指している。だから、3MやP&Gのように、研究開発を考えてみよう。個人の研究開発とは、すなわちリニューアル、毎日すこしずつでも生まれ変わっていくことだ。

私たちはみな、無理難題を押しつけられている。首を切り落とされたニワトリのように走り回れと言われる一方で、創造力を発揮しろと言われる。創造力というのは、たいてい、一人しずかに考えることから生まれ、回り道をしてみようという酔狂から生まれるものなんだから、まさに無理難題である。だが、さいわい突破口はある。個人の研究開発すなわちリニューアルの精神さえあれば、毎日のごたごたを事実上の研究開発に変えることができる。ファッション業界の渡り鳥にして究極のブランド人、ヴェロニク・ヴィエンヌはこう言っている。「わたしのキャリア戦略はただひとつ、いったい何を学ぶのか、きちんと計画を立ててから、次の仕事を選ぶことです」

ビッグ・プロジェクトだろうが雑用だろうが、自分を大きくしてくれるものが仕事である。そうでないものは、蹴っ飛ばせ！　仕事だけでなく、私生活でも話は同じだ。成長のない人生など、生きるに値しない。

リニューアルの精神

以下は、女性月刊誌『グラマー』一九九八年九月号からの抜粋である。

何のためにリニューアルをするのか？

- 心を開くために……。初心者の心に、不可能はない。
- 暮らし向きをよくするために……。何かを学ぶことは、稼ぐ力をつけること。
- 隠れた情熱を見つけるために……。彼女は大学に入りなおし、園芸学で二つ目の学位を取り、職を替えた。
- 希望を育てるために……。去年の冬、スノーボードを始めたときのこと、覚えてる？最初は怖くてふるえていたけど、すぐに自信がついたでしょう？
- 頭をよくするために……。新しいことに挑戦すると、脳内のシナプスと血管が増える。
- 問題解決力と決断力を向上させるために……。
- 新しい人に出会うために……。
- 憂鬱を追い払うために……。T・H・ホワイトの『永遠の王』の中で、予言者のマーリンはアーサー王にこう言っている。「うちひしがれたときの一番の妙薬は、何かを学ぶことよ。決して失望せず、心が決して倦《う》まず、さまよわず、恐れや不信や後悔に決して苦しめられることのない唯一のもの、それは何かを学ぶこと」
- 人生は、落ち込んでは立ち直ることの連続だから。
- 新しいことを学ぶのは、すっごく楽しいから。

1. 先週、自分は何を学んだか、具体的に書き出してみよう。その作業を毎週続けよう。
2. いま取り組んでいる仕事には、明確に（自分が自分のために）何かを学ぶという目標があるか。それが二つ以上ないなら、たとえ仕事が七五パーセントまで終わっていても、自分を伸ばすために、仕事のやり方（あるいは内容）を変えてみよう。
3. リニューアルをチームスポーツにしよう。この一〇日間に、どんな新しいこと、どんなすごいことを学んだか、チームを組む同僚と話し合ってみよう。チーム全体が明確な学習目標をもてるよう、仕事のやり方を考え直してみよう。
4. リニューアルにも相棒がいたほうがいい。夫や妻が相棒になってくれるなら最高だ。夫婦で成長・学習プランを立ててみよう（製薬会社にとって、研究開発投資はまさに死活問題である。傍目にはそうはっきりとはわからないが、あなたの場合もそうである）。
5. 右のことをさらに発展させて「リニューアル・クラブ」を結成するのはどうだろう。たとえば、いろいろな会社から一〇人ぐらいが集まり、「成長努力協定」を結び、毎月一回会合を開き、外部から講師を招き、自分たちの限界を広げることを話し合う（これは頭のエアロビクスだと思えばいい）。

37

若返り計画

会社が投資プランなしには資金を調達できないように、個人もまた、人間として、プロとして、いつまでもみずみずしくありたいと思うなら、「若返り」投資プランが必要になる（リニューアルへの投資なくして生活の安定はありえず、その投資が大きいほど、生活は安定する）。リニューアル投資プランの要諦は次のとおり。

- 正式のプランであるべし。
- 書面にすべし。
- 四半期ごとに改定すべし。
- 毎週、自分で見直すべし。
- ときどき、信頼できる先輩や同僚に相談して見直すべし。

◎新しい技能の修得を計画すべし。
◎新しい人との出会いを計画すべし。
◎新しいプロジェクトを計画すべし。
◎仕事以外で新しいことを始めるべし。
◎四半期ごとに少なくとも一つ、履歴書に箔を付けるものを始めるべし。

能力を査定する責任は、組織の手から個人の手に移った。あなたを評価するのは、ほかの誰でもない、あなただ。ふるえるほど責任は重いが、ふるえるほど絶好のチャンスでもある。

私たちはみんな（もちろん私も）、急速に減価していく資産である。工場は資産の減価にどう対応しているか。言うまでもなく、積極果敢な設備投資である。人間だって、若返るには、積極果敢な投資が必要になる。

積極果敢な投資は何から始まるか。プランから始まる。リニューアル投資プランから。積極果敢にして正式なリニューアル投資プラン——これを立てなくてもいい言い訳など、どこを探しても見当たらない（見つかったら教えてほしい）。

1. ブランド人は若返る。狂ったように、積極果敢に、正式に。さっそく今日から、リニューアル（若返り）のための投資プランを考えよう。

2. 急ごう（大事なことだから）。時間をとろう（重大なことだから）。急がなくちゃいけないが、あわてちゃいけない。リニューアル投資のプランニングは、一時間かそこらでやっつけるものではない。

3. これもまた、チームスポーツにしたほうがいい（リニューアルの目的は個人の向上にあるのだが、人の世は、まわりの支援なくして個人の向上はありえないという仕組みになっている）。会社の同僚、あるいは親身になって相談に乗ってくれる友人と、いっしょにプランを練ってみよう。

4. プランを立てたら、先にあげた要諦一〇項目にどれだけ合致しているか考えてみよう。

5. 設備投資や財産づくりのプランナーを呼んで、話を聞いてみよう。自分の成長が生活の安定につながる人生設計、それがテーマだ。

38

実践・リニューアル50

「教育でいちばん大切なこと、それは意欲だ」
——ウィンストン・チャーチル

「彼はいつも向上心に燃えている。まさに学習マシンだ」（WWWの検索エンジンの創造者でAOLの最高技術責任者、マーク・アンドリーセンについて）——マイク・マッキュー

好奇心のかたまりのような人。貪欲で、飽くことを知らず、疲れを知らない人。誰からでも、どんな状況からでも学べる人。私はそういう人が好きだ。いろいろなことに興味をもっていることは、ブランド人として成功するための（大きな）要素である。大活躍している一流のプロはみな、おどろくほどたくさん引き出しを持っている。

自分という名の企業＝ものずき株式会社
大リーグ級のリニューアル＝計画性＋情熱＋好奇心

では、リニューアルとは、具体的にどんなことをすればいいのか。

本日は、出血大サービス。「ブランド50」に、とっておきの「リニューアル50」をおまけに付けちゃおう。

1. 近くの本屋さんへ行き、雑誌コーナーで二〇分立ち読みしよう。そして、雑誌を二、三点、気前よく買ってしまう（いつも読んでいる雑誌は買わない）。買ったら、時間をとって、ぱらぱらめくってみる。おもしろい記事があったら、その頁は破って取っておく。あるいはメモを取る。目的は「背伸び」することだ。これを毎月一回やる。どんなに忙しくても、二か月に一回はやる。

2. ネットサーフィンをやろう。肩の力を抜いて、足の向くまま気の向くまま散歩する。これまで訪れたことのないサイトを、少なくとも一五か所は訪れる。ちょっとでもおもしろいと思ったら、どんどん奥に入っていく。感激したサイトには、ブックマークをつけておく。これを毎週一回やる。

3. 今週の水曜日はお昼で早退しよう。会社を出て、近くの商店街を二時間ぐらい、ぶらぶら歩いてみる。気に入ったもの、うれしくなったこと、あるいはムカついたことは、メモしておく。商品でも、店のインテリアでも、店員の対応でも何でもいい。これを二か月に一回やる。

4. 3×5インチのカードをどっさり買い込んで、それをいつも持ち歩こう。いつ、いつもである。気がついたこと、感動したこと、腹が立ったことを、すぐにその場でカードに書き込んでいく。たまったカードを、毎週日曜日、ゆっくり読み返す。

5. 今年の休暇の計画を立てるとしたら、去年と同じところに行くのはよそう。大学主催の「不気味な現象を探検する一二日間ツアー」に参加してみよう。

6. 仕事に倦怠感をおぼえるようなら、名刺ホルダーからいちばん頭のおかしいヤツを探し出し、電話をかけ、昼食に誘ってみよう。マンネリから脱するために、頭のおかしい人から知恵を借りるのだ。

7. 毎月一回の名刺ホルダー点検を新しい習慣にしよう。会いたいと思いながらすっかりご無沙汰している人がいたら、来週時間をとって、昼食に誘ってみよう。

8. 会議に出たら、仲良しグループからはそっと離れよう。日頃親しくしていない人で、おかしな発言をする人を見つけ、さっそく昼食に誘ってみよう。

9. オモシロイ人に出会ったら、最近読んだ本で何がいちばんおもしろかったか聞いてみよう。聞いたらさっそく、その本をアマゾン・ドット・コムで注文する。

10. 明日の午後は休みをとって、晴れても降っても、いままで行ったことがない界隈をぶらぶら歩いてみよう。

11. 近くの文房具屋へ行き、安いノートを買おう。表紙に「観察I」と書き、観察記録をつけはじめる。目につくものを片っ端からメモしていく。

12. 今週の土曜の夜は、いままで行ったことがないところに足を運んでみる。

13. 今度の日曜日は、ホームパーティーを開こう。ポイントは、いままで呼んだことのない、オモシロイ人を呼ぶことだ(断られるかもしれないって? それがどうしたというのだ。声をかけてみなければ、来てくれるかどうかはわからない。百科事典の訪問販売と同じである。ドアのベルを鳴らさない限り、永遠に一セットも売れない)。

14. 書店などで、市民大学講座のパンフを見つけたら、一部頂戴して、家に帰ってからじっくり読む。いつももっと知りたいと思っていたことについて、おもしろそうな講座があったら、その講師に電話をかけてみる(その電話番号を知るには、ちょっとした探偵の仕事が必要になるが、その気になればできる）。話を聞いておもしろいと思ったら、さっそく申し込む。すぐに受講を決めなくても、オリエンテーションには行ってみる。

15. ビジネス誌などを読んでいて、挑発的な記事を見つけ、なにか刺激されるところがあったら、その著者に電子メールを送ろう。返事が来るわけないだろうって？　いや、返事が来る確率はかなり高い。ウソは言わない。ぜひ、お試しあれ。

16. 日曜日に教会に行って、新しい募金活動の知らせがあったら、ミサのあと、その会合に顔を出し、署名しよう。え、忙しいって？　そうさ、誰だって忙しい。

17. あなたに中学生の息子がいたら、理科の宿題をいっしょにやってみよう。なにかおもしろいことを見つけたら、明日さっそく学校に行き、その宿題について教室で話をさせてくれと、担任の先生に頼んでみよう。

18. つまらない仕事を押しつけられたら、新しい人たちといっしょに仕事ができるチャンスだと思って、喜んで引き受けよう。

19. 娘や息子から学校の話を聞くたびに腹が立つとしたら、ＰＴＡ役員に立候補しよう。

20. いまのところ転職する気はなくても、今週の土日、数社が集まって開く会社説明会が近くであったら、ぜひ足を運んでみよう。

21. 長い間会っていない大学時代の友だちから電話がかかってきて、今度の連休に湖に行かないかと誘われた。そんなところには、もう何年も行っていない。「行く行く」と返事しよう。

22. 海外で魅力的なポストがあいた。自分にうってつけのポストなのだが、子供の学校のこともあるし、妻は（夫は）いまの仕事に満足している。しかし、いまは無理でも、そのポストについて話を聞くだけは聞いてみよう。

23. あなたはいま出世街道を驀進《ばくしん》中だ。地方でおもしろい仕事があるという話を聞いたが、本社を離れるのは出世に不利だ。しかし、なにか新しいことを学べるかもしれない。すごいことができるかもしれない。さっそく情報収集に乗り出そう。

24. 中学生の娘が来週、野外実習に行くことになり、先生が付添いを探しているという。さっそく名乗り出よう。あなたは高給取りなのだから、もちろん無料奉仕だ。

25. 写真が好きなら、今年の夏はぜひ「四日間写真教室」に参加してみよう。

26. 知人に小さな会社の経営者がいて、その人が仕入れ先を探しにタイに行くという。さっそく同行を申し出よう。

27. 今晩、テレビで野球の中継がある。贔屓《ひいき》チームの見逃せない一戦だ。しかし、好きな散歩を一年もしていないとしたら、テレビなど忘れて外へ出よう。

28. 計画を立てるのがあまり得意ではない人も、夫婦で、あるいは恋人同士で、じっくり話し合い、自分が「本気でやってみたいと思う」新しいことを三つか四つ書き出し、今後九か月以内に、少なくともそのうち一つを始める計画を立てよう。

29. まえからずっとアフリカに行ってみたいと思っていたなら、実際に行く行かないは別にして、旅行代理店に問い合わせてみよう（いますぐ電話をかけてみたらどうか）。

30. 仕事は現場が大切だと思っているなら、自分用の研修プログラムをつくり、ホテルでも配送センターでも何でもいい、現場で汗を流せる仕事をアルバイトでやってみよう。

31. お気に入りの店があるなら、そこの店長に、いちばん燃えている店員は誰かを聞き出し、その人を昼食に誘おう。

32. 社内報でおもしろい記事を見つけたら、それを書いた人を昼食に誘って、いろいろと話を聞いてみよう（何度でも繰り返しやろう）。

33. 土曜日に芝居を見て感動したら、月曜日にさっそく、その演出家に電話をかけ、一度会ってもらえないか頼んでみよう（一度会って話がはずんだら、次はうちの会社に来て、同僚たちといっしょにお弁当を食べてもらえないか頼んでみよう）。

34. 「お弁当食べながらセッション」を月例行事にしよう。来月はどんなゲストを招こうか、同僚と話し合ってみよう。毎月、ゲストには「自分にお声がかかるなんて思ってもみなかった」と言う人を選ぶ。

35. 社員募集について、人事部でボランティアをやる。いままで募集広告を出したことがなかったところへ出向いて、募集活動をやる。

36. 四か月の長期休暇を考えてみる。

37. 立ち上がり、机をはなれ、会社から出て、浜辺を二時間ほど散歩しよう。え、会社の近くに浜辺なんてあるかって？　浜辺がなければ、路地裏でもいい。要は会社の外ならどこでもいい。二週間に一回、できれば毎週一回、これを続けよう。

38. 週一日の在宅勤務について、上司と真剣に話し合ってみよう。

39. あなたが個室をもっているなら、そのドアを取り外そう。

40. 本を読むのが好きな友人を集めて、毎月一回、読書会を開こう。変わり者を仲間に入れよう（たまには、みんなで読んだ本の著者を招いて、話を聞いてみよう）。

41. トーストマスターズに入ろう（しつこいのはわかっているが、大事なことだから）。

42. 社内報に投稿しよう。

43. 同窓会の会報で「そんなのありかあ」という生き方をしている人を見つけたら、電話をかけ、明日にでも会ってみよう（もちろん今日会ってもいい）。

44. きのう見かけた、ぎょっとするほどハデハデの服を買いに行き、あした会社に着ていこう。

45. 会議の席で、たまにはまともなことも言ってみよう。「これをやると、みんな本当にびっくりするだろうか」「二年たったとき、いま私たちがやっていることを、誰か覚えているだろうか」「いまやっている仕事を、子供に自慢できるだろうか」などなど。

46. 自分が企画するプロジェクトをすべて、「どれくらいすごいか」「それをやる価値があるか」の二点を基準に評価してみよう。

47. 最近仕上げたプロジェクトのお客さんに電話をかけ、昼食に招待しよう。食事をしながら、その成果に、お客さんがどこまで満足しているか、忌憚《きたん》のない意見を聞いてみよう。

48. いちばん賢いと思う人に電話をかけ（一五年も会っていない大学の恩師でもいい）、いっしょに食事をしてもらえないかどうか、できれば三か月に一度、仕事について相談に乗ってもらえないか聞いてみよう（頼むだけは頼んでみよう。ダメでもともと、失うものは何もない）。

49. 少年少女探偵団の引率者になろう。あなたの息子がサッカーに夢中になっているなら、そのチームの監督を引き受けよう（監督就任を丁重に断られたら……雑用係になればいい）。子供たちは、元気があるし、かわいいし、それに、かしこい。

50. 絢爛《けんらん》たる「砂のお城」をつくれ！

やってみよう

1. 「リニューアル50」を読み返し、これなら自分にもできるというものを一〇項目選び出し、さっそく今日から始めよう。

2. これもまたチームスポーツにしよう。「よくわかっている」同僚や友人といっしょに。

38a

誰だって厚い壁にぶちあたる

ジョージ・レナードの名著『達人のサイエンス』は、なにかに上達することについて、実に多くのことを教えてくれる。目がさめるような指摘を数え上げればキリがない。あえてひとつだけ挙げるとすれば、それは、厚い壁にぶちあたったときにどうすればいいかである。レナードは、ほとんどの人が言わないことを言う。学習や鍛練は一定勾配のゆるやかな坂をすいすい登っていくことではない、と（あなたがいくら頑張っても、すいすいとはいかない）。

人はあるとき一念発起して、なにか勉強や修業を始める。最初は順調にいっても、しばらくすると行き詰まる。そんなとき、進歩が止まったどころか、退歩しているようにさえ思える。レナードによれば、それはごくごく当たり前のことなのだ。

人はみな、なにごとであれ、鍛練すれば上達していく。上達するのはうれしいから、いっそう熱が入る。そして、ある日、上達のたしかな手応えを感じて、ひとり快哉《かいさい》を叫ぶ。それからも努力は怠らないのだが、やがて厚い壁にぶちあたる。どうあがいても前に進めない。それは数か月続くこともあるし、数年続くこともある。それでも努力を続けていけば、ある日突然、絶望的に厚いと思われた壁がウソのようにかき消え、まさか自分がここまで来れるとは思わなかった地点に立っている。

ポイントはこうだ。人は人生の大半を、厚い壁の前で過ごす。どう体当たりしてもびくともしない壁の前で、死にたくなることもあるかもしれない。しかし人は、その厚い壁の前で、ほんとうの力をつけていくのである。

人は誰しも、かならず厚い壁にぶちあたるのだから、あがくよりも楽しんだほうがいいと、レナードは言う。

いくら頑張っても前に進めないときに、自分には素質がないなどと諦めてはいけない。目には見えないところで、力が蓄えられているのだから……。それは、学んだことをしずかに吸収している時間なのだ。学んだばかりでまだバラバラになっている情報やら技術やらが、頭の中で、体の中で、互いに結びついて壮大な回路を形成していく時期なのだ。だから、厚い壁を前にして、自分を責めてはいけない（厚い壁をだらだら過ごす言い訳にしてはいけないが）。

私の言いたいことはこうだ。

達人への道は長く険しい。その道を歩かずして、どの道を歩く？

一歩前進しては二歩後退しているとしか思えないときもある。だが、自分の足跡をしっかり残して死にたいと思うなら、それ以外に歩く道はない。

1. 人間は一生勉強なのだと思い、達人になることを真剣に考えてみよう（ほとんどの人が本気で考えない。誰もが達人を目指すのが当たり前の世の中にしたいと思うなら、こういう事態は変えないといけない。ブランドへの道＝達人への道）。まずは、ジョージ・レナードの『達人のサイエンス』（日本教文社）を読んで勉強しよう（この本は、私の人生を変えた）。

2. コックでもいい、建築家でもいい、大学教授でもいい、外科医でもいい、近くにいる一流のプロに会って、ここまでの道中のことを聞いてみよう。できれば、先人の体験から何かを学ぼう。自分の道中を冷静に観察し、成長・上達のたしかな手応えを、プロジェクトやリニューアル目標の選択に活かしてみよう。

39 後ろ楯活用術

たとえいまは雇われの身でも、ブランドを目指すあなた自身が一個の企業である。少なくとも、心意気はそうだ。その心意気やよし。だが、それだけではどうにもならない。自分をブランドにするには、信頼できる仲間が必要だ。それも単なる仲間ではなく、あなたが企業である以上、〈なかば〉れっきとした〈取締役会〉が必要になる。三か月に一度ぐらい、自分の仕事の進行状況や計画や失敗について、報告したり相談に乗ってもらえる人、自分が出した自信満々の企画が上層部から猛反対されたときに味方になってくれる人が、二、三人、あるいは四、五人必要になる。

やる価値がある冒険というのはすべて、暴挙である（少なくとも最初はそう見える）。だから、お偉方はかならず反対する。だから、お偉方と戦わなければならないのだが、兵法の心得は「お偉いさんをもって、お偉いさんを制す」ことである。

〈相談役・取締役〉で脇をかためよう。あなたの反乱を支援してくれる「上層部にひそむ裏切り者」を探そう。ほんとうにすごいことをやろうと思うなら、後ろ楯が必要になる。

私はマッキンゼーにいたとき、超過激プロジェクトをひとつやり遂げた（断っておくが、マッキンゼーというのは超保守的な会社である）。そんなことができたのは、言うまでもなく、後ろ楯のおかげだった。「上層部にひそむ裏切り者」が私たちの会議に何度も顔を出してくれたおかげで、私たちには強力な防波堤ができた。

つまり、革命を起こそうと思うなら、後ろ楯が必要になり、長老の知恵が必要になる。だから、食物連鎖で自分よりはるか上方にいて、自分の志を理解してくれる人に接触し、その関係を大切にしていこう。そのためには細心の注意が必要で、なにかと気苦労も多いが、その苦労はかならず報われる（ヒント※若い者の覇気に目を細める長老の度量と愛情に訴えよう。そして、相手に与えるエサも忘れずに）。

1. 志を果たすには、後ろ楯が必要だ。自分という企業の〈相談役と取締役〉が必要だ。だから、⑴その現実から目をそむけず、⑵そういう人を探し出し、⑶その人との関係をはぐくみ、⑷その人を利用し、⑸自分を利用してくれとお願いしよう。

2. ありがたいことに、私の経験からいうと、お偉方の中にはかならず何人かの「裏切り者」がいる。あなたが彼らを必要としているように、彼らもあなたを必要としている。彼らは、あなたの元気がうらやましい。あなたの元気を吸い取って、若返りたいと思っている。暴走する若いモンの兄貴分になって、過ぎし日の情熱を取り戻したいと思っている。だから、お偉いさんの中に隠れている「裏切り者」をスカウトしよう。恥知らずにやろう。今日から始めよう。たとえば、あなたの情熱を高く買ってくれていた前の上司にさっそく電話をかけ、朝食か昼食に誘ってみるのはどうだろう。

3. 〈相談役・取締役会〉ができたら、そのメンバーとは定期的に会うようにしよう。ご無沙汰はいけない。横着はいけない。千里の道も遠しとせず、どこにでも飛んでいこう。うまくいっていないときは、とかく敷居が高くなるが、そういうときこそ、相談に行くのだ。

40 現場に向かって走れ！

一流のコンサルタントは、どんな小さなことでも、最新極秘情報をじかに仕入れるため、一直線に現場に向かう。どんな問題でも、どんな状況でも……。これはぜひとも見習いたい。現場に強い味方をつくろう。現場の人たちと仲良くなると、会社の健康状態と自分がやった仕事の成果が手に取るようにわかるから……。

お偉いさんはみんな、現場にうとい。どんなに優秀な人でも、偉くなるとそうなる。ブランドを目指す人にとって、こんなうれしい話があるだろうか（今日まで、私にとって、こんなにありがたいことはなかった）。

現場の人たちと常に接触している人は、それだけで、ライバルに大きく差をつける。

今日でもなお、ビジネスの世界では、この当たり前の秘訣が、マル秘中のマル秘になっている（なぜなのか、私にはさっぱりわからない）。現場にいちばん通じている者が勝つ。その勝率は十割近い。

現場の人たちが特別頭がいいわけではないし、現場から離れた管理職がとびきり馬鹿だというわけでもない。ナマの情報、イキのいい情報、切れば血が出るような情報を、現場の人たちが握っているというだけの話なのだ（会社の食物連鎖を上にあがっていくにつれ、情報がいったいどうなるか、みなさんもよくご存じだと思う。最善の場合でも、上の耳に心地よく響くように、水で薄められたり、お飾りが付いたりする。混ぜ物がない場合でも、中継点を通過するたびに、中身は絶望的に歪《ゆが》められていく）。

ブランド人の必須栄養素、それは、熱処理されていない情報である。

私は一九六六年、海軍の下っ端将校としてベトナムに従軍したときから、この必須栄養素をとりつづけている。ほんとうの情報は、弾が飛んでくるところにある。それは偏った情報だろうって？　そうさ、人間の見方はみんな、どこか偏っている。最前線に出かけよう。何度も何度も……。そして、最前線の情報を集め、それを分析し、活用しよう。

私はマッキンゼーに入って、最良の師から改めてそのことを教えられた。その教えとはこうだ。問題と争点と行動のいちばん近くにいて、「風雪が皺に刻まれた連中」が、いちばん知恵を持っている。そんなことは言われなくてもわかっているって？　それならなぜ、宗教的な情熱をもって現場に直行する人間が、かくも少ないのか。

ブランド人を目指すなら、

現場に向かって走れ！

現場の人の話をよく聞こう。現場の人からよく学ぼう。現場と太いパイプを築き、「現場大学」を創設すれば、あなたの成功は間違いない。それほど単純な話なのだ。

それになりより、現場に行けば、ステキな人たちに会える。「俺はここで二五年働いているが、そんなことを本社から聞きにきた人間はあんたが初めてだ」。そう言って大歓迎してもらえる。現場は、あなたを待っている。

1. 自分の仕事に関係してくる現場の人たちと付き合っているか、苦楽を共にしているか。考えてみよう（自分を偽ってはいけない）。
2. 来週の予定表を見てみよう。現場の人たちと何回会うことになっているか、現場に何回

足を運ぶことになっているか（繰り返し忠告する——自分を偽ってはいけない）。

3. 自分のプロジェクトチームに、現場の人が正式なアドバイザーとして参加しているか。答えがノーなら、なぜそうしないのか。その問題をどうするつもりか、考えてみよう。

4. チームメート全員に「現場密着」のしつけをしているか。現場を軽視した同僚をどなりつけたことがあるか。

5. 現場密着の姿勢（現場に学ぶ姿勢）が、仕事のカルチャーとして、あなたのチームに根づいているか。答えがイエスなら、本当にそうか、さらにきびしく自分を問い詰めてみよう。

41 人を見る眼があるか

自分という名の企業は、新時代の「バーチャル組織」なのだから、人脈をつくり、育てていくことが急務になる。二三歳だろうが五三歳だろうが、そのことに変わりはない。二週間に一回は名刺ホルダーに目を通し、ご無沙汰している人に電話をかけることを習慣にしよう。宗教的戒律を守るように、たとえば毎月第一・第三水曜日と曜日を決めて、普段なかなか会えない人と昼食をとるようにしよう。人を見る眼、仕事の出来を見る眼、異才や奇才を発掘する眼を磨け。信頼できる人を見つけたら、あなたの仮想現実のチーム（あるいは現実のチーム）に加えよう。

人垣を築け。せっせと築け。こつこつと築け。

人垣を築く＝ネットワークを広げる＝タレントのスカウト

私はマッキンゼーにいたとき、すごいプロジェクトをやり遂げた。それは、私の人生を変え（ウソじゃない）、マッキンゼーの将来も変えた（これはあとになってわかったことだが）。それは会社の秩序をみだす革命的なプロジェクトだった。だから、お偉方はあまり乗り気ではなかった（これ以上控えめな表現はない）。そこで私は「タレント」を求めて、スカウト活動に乗り出した。私と同じ志をもち、私と同じように血をたぎらせる、さわれば火傷するような熱い魂を求めて……。

私たちは、わが道を行った。自分たちのやり方を貫き通した。そのときスカウトした「ルーキー」のひとり、ラジャト・グプタは、一九九四年に「ザ・ファーム」のトップにおさまった。世間が畏敬の念をこめて「ザ・ファーム」と呼ぶのは、そう、マッキンゼーのことである。私のささやかなプロジェクトがスタートしてから一七年後、彼がチームの一員になってから一六年後、私がマッキンゼーをあとにしてから（正確にいうと、追い出されてから）一三年後のことだった。

人間は偉くなると、忠臣が欲しくなる。私がマッキンゼーでタレントのスカウトに狂奔していたころ、思えば私は若かった。若さまるだしであった。一般に、人間は年をとると、反骨系のネットワークをつくろうとは思わなくなるようだ。

革命戦争（一七七五〜八三年の独立戦争）を思い出してほしい。あるいは、もっと時代が下がって、どんな政治革命でも科学革命でもいい。革命を起こしたのはみな、三〇歳前後の若僧だった。

1. いつでも、どこにいても、タレントを求めてきょろきょろしていよう。カッコいい人と付き合い、カッコいい人と共謀し、カッコいい人から学ぼう。オモシロイ人に出会ったら、迷わず契約交渉に入ろう。
2. 年は関係ない。これは、役職にある四四歳の人の戦略にもなるし、ヒラの二四歳の人の戦略にもなる。スカウト活動の基本方針はただひとつ、「はみ出し者」を見つけることである。
3. スカウト活動を予定表に組み入れよう（これほど大事なことはないかもしれない）。ずいぶん楽観的じゃないかって？　そうさ、犬も歩けば棒にあたる。それに、アンテナは使わないと錆《さ》びつく。どこにどんな逸材が隠れているかわからないし、その人と出会って、自分の将来がどう変わるかわからない。

4. 必要に迫られてから慌てて探すのでは遅い。必要になるまえに集めておくのだ。現在のチームの穴を埋めるといったようなケチな話ではなく、もっと将来を見据えた壮大な戦力構想として、スカウト活動をやろう。タレントを見つけたら、すぐに契約しよう。どんなに小さなことでもいいから、その人といっしょに何かをやろう（いまは小事しかできなくても、将来の大事のためにツバをつけておくのだ）。契約を結んだら、タレント・クラブの全員にその新人を紹介し、みんなで絶えず連絡を取り合うようにしよう。スカウト活動で大切なことは、それを習慣にすること、自分の直観を信じること、かならずいい人にめぐり会えると楽観的に考えることである。そして、いまは必要でなくても、いつ必要になるかわからないということを忘れないように。

42 志のないブランドなんて……

ハーマン・ミラー（家具メーカー）の伝説的経営者、マックス・デプリーは次のような美点を体現する会社を目指すと宣言している。

- 真実
- 親しみ
- 節度
- 責任
- 人材育成
- 本物
- 公正

✪ 立派なふるまい
✪ 希望
✪ 労使一体
✪ 寛大

一流企業なら、どこでも理念があるはずだ。あなたというブランド、あなたという企業にも、それが欲しい。これからバーチャル組織をつくろうとするあなたが、ハーマン・ミラーのデプリーのように、高々と理想を掲げてはいけないという理由はない。

理想のブランド、理想の企業を真剣に考えてみることは、自分がどういう人間であるかを表現する絶好の機会である。

あなたという名の企業には、お客さんがいて、取引先がいて、それを取り巻く世間があるのだから、あなたは「自分の顔」を持たなければならない。インテルやチャールズ・シュワブと同じように「企業文化」がなければならない。企業文化とは、なにかを体現するものである。

さて、あなたはいったい何を体現するのか？

1. 「あなた＝会社」なのだから、社是がなければおかしい。なければ、さっそく原案づくりに取りかかろう。急がず、じっくり考えなければいけないが、始めるのはいまからだ。
2. 自分はいったい、どういう志をもってブランドを生きるのか。具体的に考えてみよう。これもまた急いでいい加減にやってはいけない。あなたの人生がかかっているのだから。
3. 以上の二点を、気の合う仲間といっしょにやってみよう。これは自分のことなのだが、同じ価値観をもつ仲間の支えがなければ、理想は実現しない。

43 ブランド人は「生き方の手本」を示す

私は自分がよく知っていて、心から尊敬している人を一〇人余り選び、「私撰・栄誉の殿堂」を公表したことがあるが、殿堂入りを果たした人たちには、次のような共通点があった。

- 自分で自分を改造する。
- 一貫性などにとらわれず、つねに変わっていく。
- 満身創痍《まんしんそうい》である。人生というゲームを堂々と戦い抜こうと思えば、あちこちに傷を負うことは避けられない。ときには深傷《ふかで》を負って悶絶する。
- 好奇心が旺盛（はた迷惑なほど）。
- 子供のように純真。どんなことでも、四歳の子供のように、探究をやめない。

- 過ぎたことをくよくよしない。
- 何が起こるかわからない人生を楽しんでいる。
- 明るい。じつによく笑う。
- 向こう見ず（まわりがひやひやするほど）。
- 偶像破壊者。常識に逆らっているときしか、幸せを感じない。
- 人間くさい。長所もすごいが、欠点もすごい。
- 正直で、そして矛盾している（ほんとうに正直な人がみな、そうであるように）。
- 枠におさまらない。与えられるキャンバスは小さくても、筆致は大胆にして華麗。筆はいつも勢いあまって、キャンバスからはみだす。人生のサーカスを恐れない。はらはらどきどきしながら生きていきたいと思っている。

ちなみに、殿堂入りした人の最年少は二一歳、最年長は五一歳だった（ほとんどは有名人ではない。私にとっては有名人だが……）。

ブランド人は、自分の人生に責任をもつ。奇跡など、あてにしない。いい意味で、さめている。会社はもう、揺り籠（二一歳）から墓場（六五歳）まで面倒をみてくれないことを知

っている。ブランド人は、会社を頼らず、

- 自分の腕を頼りに、
- 輝く個性を頼りに、
- 同志のネットワークを頼りに、
- プロジェクト（すごいプロジェクト）を頼りに、
- 成長を頼りに、生きる。

二一歳だろうが五一歳だろうが、ブランド人はリーダーである。たとえ公式には、部下が一人もいなくても（考えてもみてくれ、公式に部下がいた革命のリーダーなど一人もいない）。ブランド人は、毅然として自分の足で立ち、堂々と悠々と自分の足で歩き、血のにじむ鍛練を続けて「生き方の手本」を示す。

だから、環境がどうであれ、仕事の大小にかかわらず、立派な肩書があってもなくても、ブランドを目指すなら、人の先頭に立ち、周囲に感染する「熱き心」をいつもまき散らしていなければいけない。

やってみよう

1. ブランド人＝リーダー。この等式が正しいとすれば、それは自分にとって、どんな意味をもつか。いま取り組んでいる仕事に結びつけ、三〇分後に控えている会議のことも頭に入れながら、その意味を考えてみよう。

2. 「トム・ピーターズの栄誉の殿堂」に入った人たちに共通した点を考えてみよう。それぞれの項目について、親しい同僚と話し合ってみよう。自分にもできそうだと思うこと、自分もそういうふうに生きてみたいと思うことを、一つか二つ選び、現在取り組んでいる仕事でそれをどう貫いていけばいいか、行動プランを練ってみよう。

3. リーダーシップについて勉強しよう。自分が尊敬するリーダーは誰か、尊敬する理由は何かを考えながら、リーダーの条件を二五か条、書き出してみよう（ほんのちょっとしたことも忘れないように）。そして、その条件のいくつかを、毎日の仕事の中でどう身につけていけばいいかを考えてみよう（具体的に、実行可能なものを）。

4. 自分に与えられた公式の役割は忘れよう。自分の肩書や年齢のことは忘れよう。リーダーシップは九五パーセントまで「気のもちよう」である。意思と決断と活力と熱意と思いやりの問題である。だから、お昼に一度、夕方四時にもう一度、「気のもちよう」をチェックしてみよう。自分が発する「熱き心の波動《バイブ》」の出具合を調節してみよう（手でさわってみて、どれだけビリビリするか確かめよう）。この波動の威力やおそるべし。練習して、この調整がうまくできるようになると、自分の存在感がまるで違ってくる（ウソだと思うなら、スポーツ心理学者に聞いてみな）。

44
権力は必要善

権力は、むかつくほど汚いもの……では、ない。

ブランドを目指すのは、志のある者。

志を果たすには、権力が必要。

ゆえに、ブランド人は権力に闘志を燃やす。

たしかに、鼻持ちならない権力者はいる。スターリンのように、毛沢東のように、ヒトラーのように、権力をかさに威張りくさり、暴虐の限りを尽くすヤツがいる。

しかし、その一方で、チャーチルやルーズベルトやガンジーやキング牧師のような権力の使い方もある。

なによりも使命感が大事だが、「できない」と思っている人に「できる」と思わせなければば、大願は成就しない。ロシアの農奴を解放したレーニン、アメリカの黒人を解放したキング牧師にそれができたのは、世の中の風向きを変えたからだ。

ブランド人は、凡人にできないことをやる。

ブランド人は、権力を必要善として認める。

ブランド人は、目的を達成する手段として権力を使う。

増上慢になる必要はない。ふつうは、そうだ。しかし、会社を変える人、世の中を変える人は、何ができるかについて「思い上がり」をもっている（身のほどを知っていれば、勝ち目のない戦いを挑もうとは思わない。たとえば二〇年前、無敵のIBMに戦いを挑んだ変人ビル・ゲイツに、どれだけの勝ち目があったのか）。

ただし、賢い人は、その思い上がりを胸のうちに秘めておく（なにかを変えようとすれば、変えようとすること自体が悪と見なされ、改革の旗手は蛇蝎《だかつ》のごとく忌み嫌われる）。

人の心を変えるには、不退転の決意が必要である。権力闘争にひるまない強靭な精神が必要である。自分がやることは、かならず世のため人のためになると、固く信じていなければならない。気が狂っていると思われるほど……。

これだけは覚えておいてほしい。権力は、さわるのも穢《けが》らわしいものではない。歴史を変えた人はすべて、たとえ気が進まなくても、それをしっかりと手中におさめている。

1. 現実から目をそむけず、それを直視しよう。あなたはたしかに「いいヤツ」かもしれないが、あなたには「やるべきこと」がある。「できっこない」と言っている人の鼻をあかす使命がある。その使命を果たすには、権力が必要になる。わかってくれたかな？
2. だから、政治力学を勉強しよう。コミュニティーをどう組織するかを勉強しよう。人の動かし方を勉強しよう。
3. 大人になろう！　政治から超然としているふり、権力には興味がないふりをするのはやめよう。偉業を成し遂げた人で、政治から超然としていた人、ぼんやりしていて権力の満ち潮、引き潮に気づかなかった人はひとりもいない。
4. 自分の権力基盤を支えているものは何か（天下無双の得意技か、悪魔のような説得力か、天才的な人脈づくりか、タレント探しのおそるべき嗅覚か、過剰なほどの情熱か）。どうすれば、人々の考えを変えることができるか。考えてみよう（具体的に）。

45 うわさの男／うわさの女になろう

巷の話題にならない人は、ブランド人じゃない。それを買ったお客さんが、ひとに自慢したくなるもの、それがブランドだ。映画『フィールド・オブ・ドリームス』で「作れば来る」という声がどこからか聞こえてきたが、そんな甘い考えは捨てたほうがいい。もちろん、いい仕事をやることが先決だが、同時に、それを宣伝すること、お客さんからもらった感謝の手紙を見せびらかすこと、意識して「町中のうわさ」になることも必要だ。

ブランド力とは、マーケティング力にほかならない。

マーサ・スチュアートやマイケル・ジョーダンのようなマーケティングの天才になる必要はないが、マーケティングは俗物に任せておけばいいなどと思ってはいけない。くだらないものを強引に売り込むのが、マーケティングなのではない。

1. マーケティング＝オーラ
2. マーケティング＝名前を覚えてもらうこと
3. マーケティング＝イメージ
4. マーケティング＝あなたの評判／あなたのうわさ

「作れば来る」――いいものさえ作れば、黙っていても売れると思うのは、自滅のマーケティング戦略である。マーケティングとは挑発であり、うわさになるのを待つことではなく、うわさを創り上げることだ。

1. きょう、自分を「宣伝する」ために何をやったか。自分が生きていること、立派に生きていること、カッコいいこと、世の中をよくしていることを、世界に（少なくとも近所に）伝えるために何をやったか。考えてみよう。

2. マーケティング／口コミのマーケティングを真剣に勉強しよう。その考え方や言葉遣いに慣れるようにしよう。自分を売り込むときは、てれずにマーケティングの専門用語を使おう。マーケティングの講習を受けよう。マーケティング・スキルを磨こう。おのれの市場を知れ。何が自分の「売り物」なのかを知れ。

3. 正式な口コミ・マーケティング計画を立てよう。「正式な」ものでなければ意味がない。マーケティングのセンスを磨くために、レジス・マッケンナの古典的名著『ザ・マーケティング』(ダイヤモンド社)を読んでみよう。

45a

それで、あなたの商品《うりもの》は？

どんなに立派なマーケティング・プランを立てても、肝心の商品《うりもの》がなければどうにもならない。ウィリアム・ブリッジズ『自分という名の企業を創れ』の中に、クライアント企業の社員とのこんな会話が紹介されている（一部省略）。

ブリッジズ「ところで、あなたの商品は？」
クライアント「わが社の商品のことですか？」
ブ「いえ、あ
なたのとお聞きしたのです」
ク「えーと、私は人事部にいるんですが……」
ブ「立派なお仕事ですね。それで、あなたの商品は？」

ク「給与や手当ての算定を専門にやっています」
ブ「おもしろそうなお仕事ですね。それで、あなたの商品は？」
ク「給与や手当て……」
ブ「それは商品とは言えません。商品とは、誰かが買ってくれるものです。買い手に利便を与え、買い手のニーズを満たすものです。給与システムは、会社の都合でつくっている会社のためのものです」

ブリッジズのその本には、さらにこういう記述がある。

ポスト雇用世界では、雇用を忘れ、社会が必要としている仕事を探さなければならない。……あなたの市場は「雇用市場」ではない。あなたのまわりには、ニーズを満たされていない人たちがいる。その人たちが、あなたの市場だ。「雇用」を見つけるのではなく、「機会」を見つけるのだ。

雇われ人根性を捨て、機をみるに敏な商売人のように行動しなければならない。……会社で働く人はすべて、社外の商売人と直接競合する。いま社内でやっているどんな仕事も、商魂たくましく取り組まなければ、この競争にはかならず負ける。

変化は、雇用にしがみつく人の敵であり、商才がある人の味方である。……したがって、個人がキャリア計画を立てるときには、新興企業が戦略的に事業計画を立てるときと、ほぼ同じ考え方が必要になる。

商品《うりもの》なくして、ブランドはなく、マーケティングなくして、ブランドはない。

あなたの商品は何か？

あなたが提供する商品は、ほんとうに、お客さんにお金を払ってもらえるだけの価値があるか？

そんなことを聞かれてムッとするようなら、ホワイトカラー・ハイウェイでひき殺されないよう十分注意して下さい。

1. 商品《うりもの》を考えよう。先に紹介したブリッジズとクライアントとの対話を読み返してみよ

う。自分の「商品」を定義しよう。簡潔に、わかりやすく。定義できたら、いろいろな人たちに（タクシーの運転手に、近所の肉屋の主人に、お隣の奥さんに）商品説明をしてみよう。

2. ブリッジズの言葉をかみしめよう。「社会が必要としている仕事」「満たされていないニーズ」「機をみるに敏な商売人」「商魂たくましく」「キャリア計画＝戦略的事業計画」

46 たった一人で世界を制す

さあ、新しい時代の幕があいた。目の前に開けた世界はすべて、あなたの意のまま思いのままである（すばらしい商品と、それを支えるブランド力と、イマジネーションと、やる気と、ホームページさえあれば）。

これは、新しいゲームだ。すごいものを持っていれば、誰もが一夜にして（一夜は無理でも驚くほど早く）「グローバル」になれる。

私は、みなさんに命令するつもりはない。ただ、耳寄りのニュースを伝えたいだけだ。

あなたには、つおーい味方ができた。ほかならぬインターネットである。

あなたの売り物がしびれるほどカッコよく、それがあなたの専売で、世界を揺さぶるものなら、そのことを世界中に伝えよう。ためらうことなく。

1. 私は大声で叫びたくはない。あなたの耳元でそっと囁《ささや》きたい。
みんなを**あっ**と言わせるようなことをやれば、世界はあなたのものになる。自分でも驚くほど早く……。あなたが一八歳でも八八歳でも……。

あなたがやろうとしているのは、すごいことか？　本当にすごいことか？

世界に通用するほど、すごいことか？

（追伸　やってみなきゃ、わからない）

2. 「グローバル」とは、九六パーセント以上「気のもちよう」である。
自分の売り物に自信があるなら、恥ずかしがることはない。堂々と世界に売り込もう。

まずは自分のホームページを作り、目的意識をもって、世界とおしゃべりを始めよう。

いますぐ。

47 売る！

「人はだれも、何かを売って生きている」

――ロバート・ルイス・スチーブンソン

「生活の糧を得るというのは、自分を売ることだ。頭ではわかっていたが、骨身に沁みてそれがわかったのは、安定した収入を断たれ、職を求めては不採用通知をもらう苦しみを味わってからだった。自分を未完成の商品のように考え、自分の一番の強みが何であるかを考え、それを市場で売ることとは、人間としてまっとうなことだ。つまるところ、問題は、自分が望むものを手にするために、やらなければならないことをやる意思があるかどうかだけである」（転職したエグゼクティブの話）

――スーザン・グールド他『フリーエージェント』

プロなら、売るのは恥ずかしいことではない。やってみたい仕事があり、その夢がかなうプロジェクトに参加したいと思うなら、自分を「売り込む」以外にない。

アーサーアンダーセンの会計士にとって、オラクルのソフト・プログラマーにとって、そしてもちろん、マーサ・スチュアートにとって、これは神の言葉に等しい真実である。

売る
売る
売る
売る
売る
売る

「売る」という言葉を聞いただけで、寒けがして寝込んでしまうようなら、大いによくよくしたほうがいい。二〇〇〇年になったら(アレ、今年は何年だったかな)、性根《しょうね》を入れ替えたほうがいい。

才能に恵まれ、すばらしい仕事をしながら、「売り込み」が得意ではない人、「売る」という言葉を聞くと顔をしかめる人を、私はたくさん知っている。彼らは、自分を強引に売り込むことが何よりも嫌いなのだ。恥ずかしがり屋で、控えめで、ひたすら自分の仕事に専念したいと思っている。私はそういう人たちを馬鹿にしているわけではない。みんな「いいヤツ」だし、立派な人たちだ。

ただ、これだけは言っておきたい。「売らなければ、生きてはいけない」

あなたは売り込みの天才になる必要はないし、売り込みに全精力を使う必要もない。だが、それを無視しては生きていけない。だから、その現実を受け入れ、売ることに時間を割き、手際よく売りさばこう。

1. 明快で新鮮で、力が湧いてくる「販売計画」を立てよう（これは、カルバン・クラインに負けず劣らず、誰にとっても重要だ）。

2. 「売る」ことに夢中になれるか。お願いだから、このことを真剣に考えてほしい。大手コンサルティング会社のきんきらきんのシニア・パートナーは、中古車のセールスマンに負けず劣らず、「売り込み」に夢中になっている。

48 ブランド人＝営業マン

あなたは営業ができるか。商談ができるか。ひとが取ってきた仕事をやるのが雇われ人、自力で仕事を取ってくるのがブランド人だ。

お客さんのところへ出向き、売り込みたいプロジェクトの「掛け値なしの値段」を説明する（すごい仕事をやるには、それだけお金もかかること、そして、お金をかけるだけの大きな楽しみがあることを、お客さんにきちんとわかってもらう）。必要とあらば、社長にだって会長にだって助けを求める度胸もあれば、あつかましさもある。それが、ブランド人だ。

仕事を取ってくる人

その人がいちばん偉い

ブランド人＝企業人

ブランド人＝商品（よそじゃ売ってない商品）
ブランド人＝商品のすばらしさを伝える
ブランド人＝営業マン（セールスマン）

売り込みの魔術師になる必要はないが、営業は他人《ひと》がやるものだと思っていてはいけない。

私は、引っ込み思案のウジウジ男である。

でも、この一五年あまり、私も人並みに苦労をして、仕事が天から降ってこないことを思い知った。

ブランド人として生きるなら、人生とは、稼業にほかならない。

仕事を取るのは難しい。死にたくなるほど難しい（私はいつも七転八倒する）。

だが、やらなければならないのだ。

1. ブランド人は、それだけの値打ちがあるからブランドになった。だから、仕事を取りに町に出よう。

49 命がけで守るもの

一九九九年六月二〇日、午前二時二八分。私はワシントンのホテルの一室でふと目がさめた。枕元の電気をつけ、スティーブン・ヘラー著『ポール・ランド』を読みはじめた。いつのまにか部屋が明るくなり、それでも読み続けた。読み終わるのに、ほぼ一日かかった。

ポール・ランドは二〇世紀を代表するデザイナーであり、グラフィック・アーティストだった。エスクァイヤ誌のデザインで有名だが、ＩＢＭやＵＰＳのロゴをデザインしたのも彼である。

しかし、その輝かしい業績よりも、私が心を打たれたのは、ランドの生き方だった。彼は、自分には「何かがある」と信じていた。世界中から新しいアイデアを求め、それをスポンジのごとく吸収した（六〇年も前から、彼はグローバリストだった）。ランドは、職を転々とする、さすらいのブランド人だった。お金のことなど、まるで眼中になかった。ただ夢を描き、その夢に殉じた。会社に殉じることなど、頭の片隅にさえ浮かばなかったにちがいない。彼はすばらしい人たちをまわりに集める天才だった。苦しいときはいつも、その人たちに助けられた。一流企業のロゴをデザインはしたが、会社のロゴに忠誠を誓ったことは一度もなかった。

ポール・ランドはまさにブランドを生きた。ブランド人になるために絶対に欠かせないもの、それは、どんな犠牲を払っても成長しようという強い意思であり、精神の自由と矜持だけは命がけで守ることである。

1. あなたは一流になりたいと心の底から思っているか。ほかの誰にもできないことをやってやろうと思うか。そのために求められる犠牲を理解しているか。

答えがすべてノーなら、ブランド人になるのは諦めたほうがいい（残念だが、新ミレニアムはそういう時代なのだ）。

50 晴れて自由の身になって、泣くヤツがあるか

- ニューエコノミー
- たった一人の企業
- 自立
- 自由
- 解放
- 矜持
- カッコいい仲間
- カッコいい生き方
- すごいプロジェクト（あるいは大失敗のプロジェクト）

- イマジネーションが資本
- 不断の変節

「私が会社だ」

「私を見てくれ、私の叫びを聞いてくれ」

「私はこの世に二人といない」

「私の仕事は、ほかの誰にもできない仕事だ」

いささかテレるが、鏡のまえで、右の文句を繰り返し声に出して言ってみよう。


ブランド人の世の中が来る。あなたに春が来る！

幸運を祈る

オンラインでみなさんにお会いしたい。

電子メール　tom@tompeters.com
ホームページ　www.tompeters.com

訳者あとがき

「人はだれしも、何かを売って生きている」(ロバート・ルイス・スチーブンソン)

胸が痛くなるほどの真実である。さて、あなたは何を売る？

ブランド品はよく売れる。高く売れる。女どもが(男どもが)きゃあきゃあ騒ぐ。なら、自分がブランドになっちゃおう。

ブランド術はサバイバルの術か。そうでもあり、そうでもなし……。まさか、生き延びるためだけに、生まれてきた人はいないだろう。あなたはきっと、世の中を変えるため、この世に何かを残すため、愛する人(愛せない人)を幸せにするために生まれてきたに違いない。だれだってブランドになれる。ありがてえ。どう考えても、後手に縛ってシバキあげても、この命題は正しい。自分の精神と肉体を鍛練する力を、人はみな天から授かっている。

ただ、人生は「おそなえ餅」のようにはできていない。何かを得ようと思って努力すれば、いま持っているもの、楽しんでいるものを何ひとつ失わず、もうひとつ、白いまるまるとした餅がぼってりと上に乗っかるなんてことはありえない。

中坊公平さんを追いかけたTVドキュメンタリーに、中坊さんがカシコイ部下を烈火のごとく叱るシーンがあった。「迫力に欠けるわ、あんたらのやってることは。一応カシコイといえる範囲内の行動やな……。自分の何を捨てるかが問題なんや。自分が長いことやってきた、自分なりの歴史をやな、いまここで切りましょう。というところにもっていかなければ、人間の迫力なんて出てきませんよ!」

食えるか食えないか、ぎりぎりの切所に一度もわが身をおかずして、ブランドになった人はいないようだ。北辰一力流の開祖、千葉周作がブランドになっていく過程を描いた司馬遼太郎『北斗の人』(講談社文庫)から、すこし長くなるけど引用したい(父の幸右衛門との対話)。

「このさきどういう算段がある。うかうかすると飢えて死ぬぞ」

「食うことでございますか」

「そうだ」

こうとなれば、周作のほうが世間知らずだけに落ちついている。

「地を走る犬猫や空を飛ぶ雀さえ食っています。人間が食えぬことはございますまい」

「ばかだな、犬猫なればこそ食えるのだ。同じ生きものでも、人間はなまじい箸を使っている。人間が箸を使うようになってから、食うことがむずかしくなったのだ」

「またあんな法螺《ほら》を」

「法螺なもんか。手づかみで食う乞食は食えているが、箸で食ういっぱしな暮らしというのはなかなか成り立たぬものだということを言っている」

「当分、手づかみで食ってみます」

「周作、乞食をやるのかえ」

幸右衛門はさすがにどきりとしたらしい。

「まあ、覚悟だけは」

人生は選択である。この周作の言葉を聞いて、胸がジーンとする人の前に、ブランド人への道が開けている。

翻訳にあたっては、TBSブリタニカ（現 CCCメディアハウス）の石川宏さんと堀井春比古さんに首を絞めるように私の脳漿をしぼり尽くしていただき、小泉伸夫さんにはすばらしい編集をしていただいた。この場を借りて、あつくお礼を申し上げます。

二〇〇〇年二月

仁平　和夫

著者：トム・ピーターズ（Tom Peters）

経営コンサルタント。トム・ピーターズ・グループ代表。常に時代の最前線を行く彼の独創的な言動は，驚きと賞賛をもって世界各国のビジネスマンに迎えられている。著書に『エクセレント・カンパニー』『経営革命』『経営破壊』『経営創造』『起死回生』などがあり，そのいずれも日米でベストセラーになっている。本シリーズは，新プロフェッショナルを目指すサラリーマンのバイブルとして，米国で好評を博している。

訳者：仁平和夫（にひら かずお）

翻訳家。1950年生まれ。おもな訳書に，J・バーカー『パラダイムの魔力』，T・コネラン『ディズニー７つの法則』，G・ベスーン『大逆転』（いずれも日経ＢＰ社），レスター・C・サロー『資本主義の未来』（共訳），R・コッチ『人生を変える80対20の法則』，トム・ピーターズ『トム・ピーターズの起死回生』（いずれもＣＣＣメディアハウス）など。2002年逝去。

トム・ピーターズのサラリーマン大《だい》逆《ぎゃく》襲《しゅう》作《さく》戦《せん》①

ブランド人《じん》になれ！

2000年３月27日　初　　版
2018年５月10日　初版第18刷

訳　者——仁平和夫

発行者——小林圭太

発行所——株式会社ＣＣＣメディアハウス

〒141-8205　東京都品川区上大崎３丁目１番１号

電　話　販　売　(03)5436-5721
　　　　編　集　(03)5436-5735

http://books.cccmh.co.jp

印刷・製本——図書印刷株式会社

ISBN978-4-484-00307-8

Printed in Japan